Renée Holler · Rettet den Pharao!

Felix Faulstich

TATORT
GESCHICHTE

Renée Holler

Rettet den Pharao!

Illustrationen von Michaela Sangl

Loewe

Der Umwelt zuliebe ist dieses Buch auf chlorfrei gebleichtem Papier gedruckt.

ISBN 3-7855-4442-1 – 2. Auflage 2004
© 2002 Loewe Verlag GmbH, Bindlach
Umschlagillustration: Michaela Sangl
Umschlagfoto: Schreiber mit Papyrusrolle (Kalkstein),
Sakkara (ca. 2475 v. Chr.), Altes Reich, 5. Dynastie.
Ägyptisches Nationalmuseum, Kairo/Bridgeman Art Library
Umschlaggestaltung: Andreas Henze
Herstellung: Heike Piotrowsky
Gesamtherstellung: GGP Media, Pößneck
Printed in Germany

www.loewe-verlag.de

Inhalt

Die Ibisfigur

„Todesstrafe!", entfuhr es Seti. „Das darf doch nicht wahr sein ..."

„Pssst!", mahnte ihn der Vater. „Mutter und deine Geschwister sollen von der Angelegenheit nichts erfahren."

Thuja, die neben der Treppe den Brotteig fürs Abendessen knetete, spitzte die Ohren. Irgendetwas stimmte nicht. Kaum waren der Vater und ihr älterer Bruder von der Arbeit aus dem Tal der Könige zurückgekehrt, hatten sie sich in eine Ecke auf dem Hausdach zurückgezogen. Dort hockten sie auf einer Schilfmatte, tranken Bier und flüsterten geheimnisvoll.

„Todesstrafe", wiederholte Seti leise. „Meinst du das im Ernst?"

Der Vater nickte. „Ja. Wenn man Glück hat, werden einem nur die Nase und die Ohren abgeschnitten. Aber keine Sorge, so weit wird es nicht kommen." Er trank einen Schluck Bier und wischte sich den Schaum von den Lippen. „Grabraub", fuhr er fort, „ist eines der schlimmsten Vergehen und muss daher entsprechend bestraft werden."

„Und du bist dir sicher, dass die Männer dich beschuldigen werden?"

Der Vater nickte. „Ist das Essen bald fertig?", rief er laut. Dann senkte er seine Stimme wieder. „Nun hör mir genau zu, Sohn. Morgen früh gehst du nach Theben zum Wesir. Er wohnt in der Nähe des Maat-Tempels. Du musst darauf bestehen, mit ihm allein zu sprechen. Das ist wichtig! Und dann übergibst du ihm dies hier."

Thuja blickte unter gesenkten Lidern hinüber und konnte gerade noch sehen, wie ihr Vater Seti einen kleinen Lederbeutel zuschob.

„Und was soll ich dem Wesir ausrichten?"

„Nichts. Gib ihm nur den Beutel. Er weiß schon, was zu tun ist. Mehr kann ich dir nicht verraten. Je weniger du von der Sache weißt, umso besser für dich. Ich will nicht, dass du dich unnötig in Gefahr begibst. Auf jeden Fall, Seti, traue niemandem, und sei auf der Hut!"

Ein geräuschvolles Klopfen an der Haustür ließ den Vater innehalten.

„Polizei!", drang eine laute Stimme zum Dach empor. „Im Namen des Pharaos, öffnet die Tür!"

Thuja blickte ihren Vater fragend an. Er nickte ihr zu.

Doch bevor Thuja aufstehen konnte, war die schwere Holztür bereits laut krachend aus den Angeln gehoben worden, und zwei Polizisten stürmten die Stufen zum Dach hoch. Danach geschah alles blitzschnell. Einer der Männer packte den Vater, der andere schlug mit einem Knüppel auf Seti ein, der sich die Hände schützend über den Kopf hielt. Thujas jüngere Geschwister begannen zu schreien. Ein Mann ohne Nase, der den Polizisten gefolgt war, deutete auf den Vater und Seti. Er rief: „Das sind sie! Ich erkenne die Grabräuber genau."

„Der Mann lügt", erklärte Thujas Vater dem Polizeichef, der hinter dem Mann die Stufen hochkam.

„Tut mir Leid, Ramose", erwiderte dieser. „Wir haben Zeugen, dass Sie und Ihr Sohn an einem Grabraub beteiligt waren. Es bleibt mir gar nichts anderes übrig, als Sie zu verhaften." Und er führte die beiden ab.

Später am Abend, als sich die erste Aufregung gelegt hatte und die Mutter damit beschäftigt war, die jüngeren Geschwister ins Bett zu bringen, hockte Thuja auf dem Dach und dachte nach.

„Vater und Seti Grabräuber?", murmelte sie. „Das ist doch lächerlich. Die Zeugen irren sich bestimmt." Sie konnte es einfach nicht glauben.

Vaters Bierkrug, der bei der Aufregung umgefallen war, lag noch immer auf dem Boden. Sie hob ihn auf und begann, das verschüttete Bier aufzuwischen. Was, wenn die beiden tatsächlich zum Tode verurteilt würden? Sie mochte gar nicht weiterdenken. Wer würde für die Familie sorgen? Ohne den Vater und Seti würden sie ihr Haus im Arbeiterdorf und die monatlichen Essensrationen verlieren. In diesem Augenblick bemerkte sie den Lederbeutel. Seti hatte ihn wohl bei seiner Verhaftung fallen lassen. Sie griff neugierig nach dem kleinen Säckchen und leerte den Inhalt in ihre Hand.

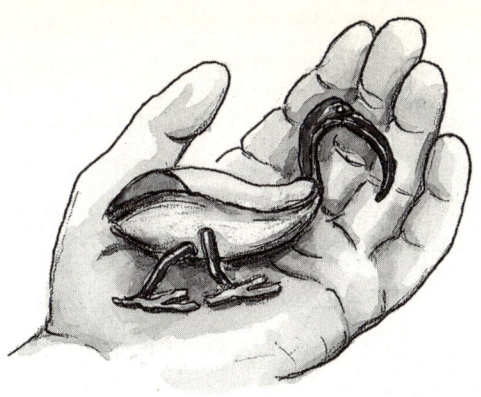

„Und das ist alles?", murmelte sie enttäuscht. Außer einer kleinen Vogelfigur – einem Ibis mit langem,
gebogenem Schnabel – war der Beutel leer. Doch
plötzlich wurde ihr alles klar.

„Vater hatte alles genau berechnet", flüsterte sie
ungläubig und betastete den langen Schnabel des
Vogels. „Er wusste genau, dass die Polizei auf dem
Weg war, ihn zu verhaften. Deswegen gab er Seti die
Vogelfigur. Er sollte damit den Wesir bestechen. Mit
Setis Verhaftung hatte er allerdings nicht gerechnet."

In diesem Augenblick landete ein Hund neben
Thuja und hüpfte freudig kläffend an ihr hoch. Vor
Schreck ließ sie die Figur fallen, die klirrend in un-
zählige Scherben zersprang.

„Seit wann sprichst du mit dir selbst?", rief ihr ein
Junge vom Nachbardach zu, nahm Anlauf und folgte dem Hund mit einem Riesensprung über die Kluft
zwischen den Häusern.

„Hapu, kannst du nicht auf deinen Hund aufpassen?", fauchte ihn Thuja an. „Schau, was er angerichtet hat!" Vor Wut und Verzweiflung traten ihr Tränen in die Augen.

„Oje!", murmelte der Junge und betrachtete die Scherben auf dem Boden. „Tut mir wirklich Leid. Hor hat es nicht böse gemeint. Er wollte dich nur begrüßen." Er begann, die Scherben aufzulesen. „Die können wir sicher wieder zusammenkleben."

Thuja riss ihm den Schnabel des zerbrochenen Vogels aus der Hand.

„Lass die Finger davon!", rief sie aufgebracht. Ihre Mundwinkel zuckten verdächtig. „Vater und Seti ... im Gefängnis", stammelte sie, und sosehr sie auch dagegen ankämpfte, es liefen ihr Tränen die Wangen hinab.

„Was?" Hapu blickte sie verlegen an. „Ich verstehe gar nichts mehr." Auch Hor schaute das weinende Mädchen ratlos an, während er leise winselte.

„Wenn sie Glück haben", schluchzte Thuja, „schneiden sie ihnen nur die Nase und die Ohren ab. Aber vermutlich werden sie zum Tode verurteilt."

„Todesstrafe? Wer will wem die Nase abschneiden?" Hapu sah sie verdutzt an. „Beruhige dich erst mal, und dann erzählst du mir alles der Reihe nach."

Thuja schniefte und begann, ihrem Freund stockend von dem geheimnisvollen Gespräch zwischen
ihrem Vater und Seti, der anschließenden Verhaftung
und dem Lederbeutel mit dem Vogel zu berichten.

„Dein Vater und Seti Grabräuber?" Hapu schüttelte heftig den Kopf. „Da liegt bestimmt ein Irrtum
vor."

„Das glaub ich auch", warf Thuja ein. „Aber was
ist mit der Ibisfigur? Meinst du nicht, dass es sich bei
dem Vogel um Beute aus dem Grab handelt und Vater damit den Wesir bestechen wollte?"

„Auf keinen Fall. Dein Vater und Bestechung, das
passt nicht zusammen." Hapu war sich ganz sicher.
„Außerdem", meinte er, während er eine Scherbe genauer untersuchte, „stammt diese Figur aus keinem

Grab. Die ist viel zu neu. Nun mach dir mal keine Sorgen. Sobald die Polizei feststellt, dass es sich um ein Versehen handelt, werden die beiden wieder freigelassen."

„Hoffentlich hast du Recht", seufzte Thuja und putzte sich die Nase. „Allerdings werde ich die Reste der Vogelfigur trotzdem zum Wesir bringen." Sorgfältig begann sie, den Boden abzusuchen und die Scherben auf einen kleinen Haufen zu legen. „Was ist denn das?" Auf der Matte lag ein zusammengefalteter Zettel. „Muss aus der Figur gefallen sein."

„Genau, das ist es! Dein Vater wollte den Wesir nicht bestechen, sondern ihm eine Botschaft zukommen lassen." Aufgeregt riss Hapu Thuja den Zettel aus der Hand und faltete ihn auseinander. „Na, habe ich es nicht gleich gesagt?" Triumphierend hielt er das dicht mit Hieroglyphen beschriebene Blatt vor Thujas Nase.

Sie betrachtete es stirnrunzelnd. „Und was soll das bedeuten?", murmelte sie. „Ich kann nicht lesen."

„Kein Problem", erwiderte Hapu selbstbewusst. „Ich kenne zwar auch nicht alle Hieroglyphen, aber ich habe immer einen Zettel bei mir, auf dem ich die wichtigsten Buchstaben aufgeschrieben habe." Er zog einen zerknitterten Papyrus hervor. „Was ich allerdings nicht verstehe, ist, warum dein Vater den Text nicht in hieratischer Kurzschrift verfasst hat. Das geht schneller und ist zudem einfacher zu entziffern."

„Vielleicht wollte er das Lesen des Textes noch zusätzlich erschweren?", schlug Thuja vor.

„Gut möglich. Also, pass auf", erklärte der Junge. „Das erste Zeichen auf meinem Zettel klingt wie A, das zweite wie B, das dritte wie C." Und stockend begann er, die Botschaft vorzulesen.

Wie lautet die Botschaft?

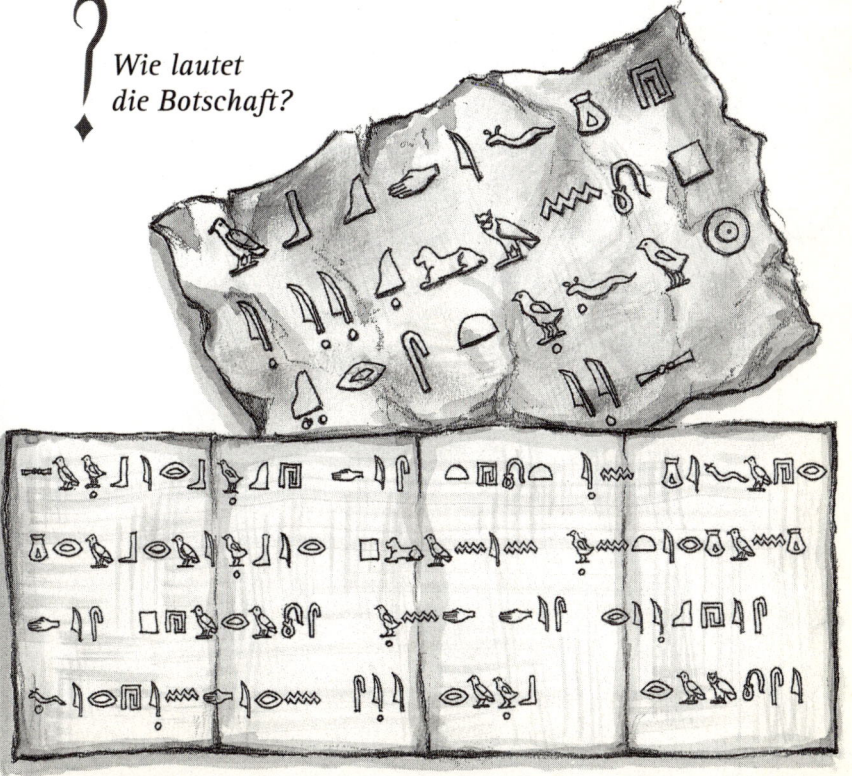

Die Stadt der hundert Tore

„Warte auf mich!", rief Hapu atemlos. „Ich will auch mit." Er stürmte den Pfad, der zu den Totentempeln führte, hinab, nur wenige Schritte hinter Hor, der ihm schwanzwedelnd vorauslief.

Thuja hielt inne und blickte sich nach dem Freund um. „Musst du nicht zur Schule?"

„Und wennschon", antwortete Hapu. „Ich kann dich doch unmöglich alleine zum Wesir gehen lassen."

Sie musterte den Jungen kritisch. „Bekommst du keine Schläge, wenn dein Lehrer herausfindet, dass du den Unterricht schwänzt?"

Hapu grinste. „Nicht, wenn ich mir eine glaubwürdige Entschuldigung ausdenke." Er dachte nach. „Unsere gute, alte Katze ist plötzlich verstorben, und ich muss ihre Einbalsamierung organisieren."

„Und wenn dich jemand sieht?" Thuja zweifelte. „Wir müssen doch an der Schule vorbei."

„Das muss ich riskieren", meinte Hapu sachlich. „Außerdem ist das ja sowieso der richtige Weg zu den Balsamierern."

Wenig später spazierten die Kinder und der Hund zügig an den weißen Tempelmauern des Ramesseums vorbei, hinter denen die Schule lag.

„Glück gehabt", atmete Hapu auf, als sie kurz darauf rechts in eine Straße abbogen. Hundert Meter weiter, jenseits des Sethos-Tempels, begann das Ackerland. Von hier aus bot sich ein einmaliger Blick auf die prunkvollen Paläste und Tempel Thebens auf der anderen Seite des Nils. Die farbenprächtigen Mauern, die den Tempelbezirk von Karnak umgaben, strahlten im Licht der Morgensonne, und bunte Fahnen flatterten über den hohen Pylonen. Außerhalb der Mauern konnte man die Lehmhäuser der einfachen Leute erkennen, die dicht gedrängt die engen Gassen der Stadt säumten.

„Die Stadt der hundert Tore", sagte Hapu. „So wird Theben in anderen Ländern genannt."

„Tatsächlich? Vater meint, es sei eine ewige Baustelle. Jeder Pharao würde neue Bauten hinzufügen."

Die Straße führte auf einem erhöhten Damm an einem Bewässerungskanal entlang.

„Dort ist die Anlegestelle der Fähre", rief Thuja. „Komm, beeil dich, damit wir sie noch erwischen."

Wenig später fanden sie sich im Trubel des Hafens auf der anderen Seite des Flusses wieder. Am steiner-

nen Uferkai löschten Nilboote ihre Ladung, daneben priesen Händler lautstark ihre Waren an.

„Und wie sollen wir in dieser riesigen Stadt die Villa des Wesirs finden?" Thuja blickte sich ratlos um.

„Immerhin wissen wir, dass er in der Nähe des Maat-Tempels wohnt", meinte Hapu ermutigend.

„Und wo ist der Maat-Tempel?"

Er zuckte mit den Schultern. „Keine Ahnung."

Schließlich spazierte Thuja auf einen Hafenarbeiter zu, der einen schweren Sack schleppte.

„Der Maat-Tempel?" Der Mann kratzte sich nachdenklich an der Schläfe und begann zu erklären.

„Also, am besten geht ihr erst zum Amun-Tempel."

Der Arbeiter deutete auf einen kolossalen Bau, der die Lehmhäuser im Hafen überragte. „Von dort, immer der Tempelmauer entlang, gelangt ihr zur Sphinxen-Allee. Das ist die breite Straße, die von Löwenfiguren mit Menschenköpfen gesäumt ist. Wenn ihr der Allee folgt, könnt ihr den Maat-Tempel nicht verfehlen. Das Haus des Wesirs? Das weiß ich auch nicht. Da müsst ihr am Tempel nochmals fragen."

„Ich habe schon gedacht, wir finden die Villa des Wesirs überhaupt nicht mehr", seufzte Thuja erleichtert, als sie endlich vor der hohen Lehmmauer standen, die das Grundstück einsäumte. Außer den Palmen und Sykomoren, deren Wipfel über die Mauer spitzten, konnte man von der Gartenanlage und dem Gebäude nichts sehen. Thuja klopfte an das Eingangstor.

„Jetzt bin ich aber gespannt, wie der Wesir auf unsere Nachricht reagieren wird", flüsterte sie, „und vor allem, ob er Vater und Seti freilassen wird."

Das Tor öffnete sich quietschend, und ein riesiger Nubier musterte die Kinder und den Hund von oben bis unten.

„Was wünscht ihr?", fragte er kühl.

„Wir haben eine wichtige Nachricht für den Wesir", erklärte Hapu.

„Dann gib schon her!" Thuja räusperte sich. „Wir haben strikte Anweisungen, persönlich mit dem Wesir zu sprechen."

„Ich verstehe. Da müsst ihr in einer Woche wiederkommen, wenn er aus Abu Simbel zurück ist", gab der Nubier mürrisch Auskunft und wollte das Tor schließen.

„Hat er keinen Vertreter?", fragte Hapu schnell. „Es ist wirklich sehr wichtig. Es geht um Leben und Tod."

Der Mann betrachtete das Trio abwägend. „Um Leben und Tod? Na, das klingt ja tatsächlich äußerst wichtig." Sein grimmiges Gesicht zeigte den Anflug eines Lächelns. „Meine Herrin ist zu Hause. Vielleicht kann sie euch weiterhelfen." Er ließ die Kinder eintreten. „Der Hund muss draußen warten", fügte er hinzu.

Ein Diener führte die beiden Besucher durch den Garten, vorbei an einem Wasserbecken, in dem rosa und weiße Seerosen schwammen.

„Mein Vater hat Seti ausdrücklich gesagt, dass er nur dem Wesir trauen darf", zischte Thuja Hapu zu. „Wir können die Botschaft unmöglich seiner Frau überbringen."

„Aber vielleicht kann uns die Frau des Wesirs ja trotzdem weiterhelfen", beharrte der Junge.

„Niemals! Wir dürfen das Zauberbuch unter keinen Umständen erwähnen!"

Die Kinder folgten dem Diener die Stufen zur Villa hoch und betraten eine säulengeschmückte Eingangshalle. Hapu wollte sich gerade genauer umsehen, als eine elegante, junge Frau in den Raum schritt. Sie trug eine langhaarige, schwarze Perücke, die mit einem goldenen Stirnband geschmückt war. Ihre Lippen waren rot umrandet und die Lider mit blauem Lidschatten geschminkt. Das bodenlange Leinenkleid war in kleine Falten gelegt. Um den Hals trug sie einen Halskragen aus Lapislazuli, Türkisen und Jaspis, und an ihren Handgelenken klirrten unzählige Armreifen. Zwei junge Dienerinnen, kaum älter als Thuja, fächelten ihr mit Pfauenfedern frische Luft zu.

„Was wünscht ihr?", fragte sie lächelnd.

„Wir ... wir müssen den Wesir sprechen", stotterte Hapu.

„Da muss ich euch enttäuschen. Mein Gemahl weilt derzeit mit dem Pharao im Süden des Landes, um einen neuen Tempel zu besichtigen. Kann ich euch helfen?"

Hapu warf Thuja einen fragenden Blick zu. Doch das Mädchen schüttelte heftig den Kopf. „Nein, können Sie nicht", antwortete sie schroff. „Wir müssen mit Ihrem Mann sprechen. Vielen Dank und auf Wiedersehen." Sie verbeugte sich und eilte dem Ausgang zu.

„Wie konntest du nur so unhöflich sein!", meinte Hapu vorwurfsvoll, als sie durch die engen Gassen Thebens zurück zum Hafen liefen. „Die Frau war sehr nett. Wir hätten ihr bestimmt trauen können."

„Ach ja? Du weißt genau, was mein Vater gesagt hat: Traue niemandem, und sei auf der Hut. Da bildet die Frau eines Wesirs keine Ausnahme."

„Und wer soll jetzt den Diebstahl des Zauberbuchs und den Untergang unseres Landes verhindern?" Hapu schaute sie herausfordernd an.

Thuja zuckte mit den Schultern. „Keine Ahnung. Aber da wird uns schon etwas einfallen."

An der Anlegestelle war inzwischen noch mehr los als am Morgen. Auch auf dem Nil herrschte Hochbetrieb. Ein Handelsschiff mit gehissten Segeln reiste flussaufwärts. Eine Barke zog in Richtung Norden. Und überall waren die Binsenboote der Fischer zu sehen, die in Ufernähe durchs seichtere Wasser stakten.

„Schnell, wenn wir uns beeilen, erreichen wir die Fähre noch", rief Hapu und begann, im Eiltempo den Steg entlangzulaufen. Doch zu spät! Das Boot hatte bereits abgelegt.

„So ein Mist!" Der Junge stampfte missmutig mit dem Fuß auf. „Es dauert sicher ewig, bis die nächste Fähre übersetzt." Er setzte sich hin und baumelte mit den Füßen im Wasser. Thuja kniete sich neben ihn und kraulte Hor, der seinen Kopf in ihren Schoß gelegt hatte, hinter den Ohren.

Plötzlich hatte Hapu eine Idee. „Wir könnten über den Fluss schwimmen", schlug er vor.

„Machst du Spaß oder bist du verrückt geworden?", fragte ihn Thuja verblüfft.

„Der Wasserstand ist um diese Jahreszeit niedrig", erklärte der Junge und erhob sich. „Komm! Das Wasser ist erfrischend kühl, und bis die nächste Fähre hier ankommt, sind wir längst auf der anderen Seite." Schon wollte er zum Sprung ansetzen, als Thuja ihn am Arm packte.

„Nein", rief sie. „Da kannst du auf keinen Fall rein. Das ist viel zu gefährlich!"

Was hat Thuja gesehen?

Was hat Thuja gesehen?

Von Zauberbüchern

Hapu biss die Zähne zusammen, als die Rute auf seinem Hinterteil landete.

„Aber unsere Katze ist wirklich gestorben", log er. Doch es war zwecklos. Khun-Anup, sein Lehrer, glaubte ihm kein Wort.

Kurz darauf hinkte Hapu zu den anderen Schülern, die im Tempelhof im Schatten einer Palme hockten. Schwerfällig ließ er sich im Schneidersitz nieder. Der Schreibunterricht begann.

„Betrachten wir das Zeichen für *nu* Wasser." Der Lehrer malte mit seinem Pinsel zwei kleine Wellenlinien auf eine Tonscherbe. „Dieses Zeichen steht, wie ihr bereits wisst, nicht nur für Wasser, sondern auch für den Buchstaben *n*."

Ein Junge meldete sich aufgeregt.

„Ja, Nefer?", fragte ihn Khun-Anup.

„Mein Name beginnt mit einem *n*, dem Zeichen für Wasser."

„Richtig. Und was bedeutet dies?" Er malte eine Hand auf die Scherbe.

„*Dot* oder Hand, Herr Lehrer, und das Zeichen steht zugleich für den Buchstaben *d*."

Später mussten die Jungen mit Pinseln aus Schilfrohr auf ihren Tontafeln Schreibübungen ausführen. Dazu schrieben alle den gleichen Text ab, den sie anschließend im Chor dem Lehrer vorlasen. Auch nach der Mittagspause ging es langweilig weiter. Sie hatten Religionsunterricht, und Khun-Anup berichtete von den Beerdigungsritualen der Ägypter.

„... Haushaltsgegenstände, Uschebtis, Amulette und natürlich Totenbücher", zählte er eine lange Liste von Gegenständen auf. „Wer von euch weiß, um was es sich dabei handelt?" Er blickte fragend im Kreis herum.

Nefer meldete sich eifrig, während Hapu hinter vorgehaltener Hand gähnte.

„Grabbeigaben", antwortete der Klassenbeste.

Khun-Anup nickte. „Gut, und damit bin ich bei dem Thema angelangt, das ich heute ausführlicher mit euch besprechen will." Er räusperte sich. „Das Totenbuch. Eine der wichtigsten Grabbeigaben, ohne die ein Verstorbener in der Unterwelt verloren wäre. Wer weiß, worum es sich dabei handelt?"

Selbst der altkluge Nefer schwieg.

„Totenbücher sind Zauberbücher", erklärte der Lehrer.

Zauberbücher! Hapu setzte sich ruckartig auf. Plötzlich war alle Langeweile verflogen, und er lauschte aufmerksam den Ausführungen seines Lehrers.

„Wie ihr sicher alle wisst, muss die Seele eines Verstorbenen auf ihrer Reise durch die Unterwelt alle möglichen Gefahren und Abenteuer bestehen. Da gibt es giftige Schlangen, gefährliche Krokodile und böse Geister, die den Verstorbenen mit ihren Netzen auflauern. Wie nun kann es eine Seele schaffen, all diese drohenden Gefahren heil zu überstehen?" Khun-Anup betrachtete seine Schüler. „Hat jemand eine Idee?"

„Wenn das Totenbuch ein Zauberbuch ist, sind darin vermutlich Sprüche enthalten", schlug Setna, ein Junge mit einer langen Locke, vor. „Ich meine Formeln, mit denen sich die Reisenden schützen können."

„Richtig!", lobte der Lehrer. „Es handelt sich um eine Sammlung magischer Texte, die den Verstorbenen helfen, die drohenden Gefahren zu bannen. Außerdem", er hielt einen Augenblick inne, „sind in dem Buch unzählige andere nützliche Informationen enthalten. Da gibt es Beschwörungen, die der Seele helfen, tagsüber die Welt der Lebenden zu besuchen und abends auf der Barke des Re wieder in die Unterwelt zurückzukehren. Ja, Hapu?" Der Lehrer blickte auf den Jungen, der aufgeregt mit den Fingern schnalzte.

„Ist das Totenbuch das Gleiche wie das Zauberbuch des Thot?", fragte Hapu aufgeregt.

„Das Zauberbuch des Thot?" Khun-Anup musterte ihn kopfschüttelnd. „Wie kommst du auf diese Idee?"

Hapu zuckte mit den Schultern. „Keine Ahnung. Muss es wohl irgendwo in der Nekropole gehört haben", flunkerte er.

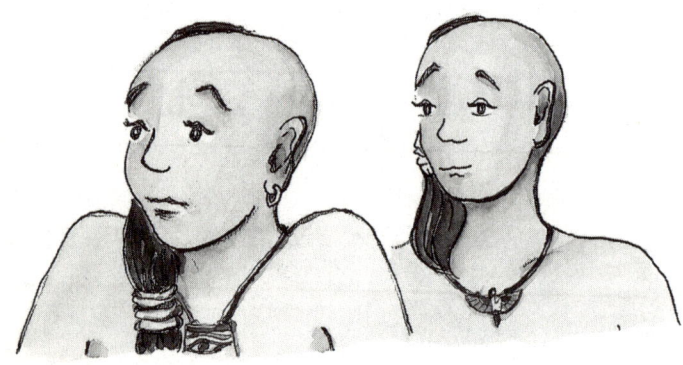

„Das Zauberbuch des Thot", erklärte Khun-Anup bestimmt, „hat mit den Totenbüchern absolut gar nichts zu tun. Trotzdem werde ich euch kurz erläutern, worum es sich dabei handelt. Der Legende nach", erzählte er, „gehörte dieses gefährliche Buch dem großen Zauberer Ptahhotep. Man sagt, wer in den Besitz dieser Texte gelangt, kann damit nicht nur die Welt der Lebenden, sondern auch die Unterwelt beherrschen. Angeblich sollen darin sogar Formeln enthalten sein, die es den Menschen ermöglichen, die Sprache der Tiere zu verstehen."

Die Jungen staunten.

„Aber", und Khun-Anup hob wie zur Warnung einen Zeigefinger, „in den falschen Händen könnte ein solches Buch missbraucht werden. Ptahhotep war sich dessen bewusst und hat es mit in sein Grab genommen."

„Weiß man denn, wo der Zauberer begraben liegt?", fragte einer der Schüler.

„Nein", antwortete Khun-Anup lächelnd. „Das würden viele gerne wissen."

„Und was, Herr Lehrer", wandte Hapu ein, „wenn nun Grabräuber auf die Spuren des Grabes kämen? Wäre das nicht gefährlich für Ägypten und den Pharao?"

Der Lehrer nickte. „Ja, der Untergang unseres Landes wäre gewiss. Doch der kluge Ptahhotep hat auch dies vorausgesehen. Er ahnte, dass Generationen nach ihm nach dem Zauberbuch suchen würden. Um zu verhindern, dass es jemandem mit schlechten Absichten in die Finger fällt, hat er es mit einem Fluch belegt."

„Und", Hapu war gespannt, „weiß man, was das für ein Fluch ist?"

Khun-Anup schüttelte den Kopf. „Das ist uns nicht überliefert. Der Legende nach soll eine geflügelte Kobra das Zauberbuch, das in einer mit Edelsteinen besetzten Schatulle aufbewahrt wird, bewachen. Was geschieht, wenn jemand die Schatulle öffnet, bleibt ein Geheimnis. Aber so weit wird es ohnehin nie kommen. Da könnt ihr ganz beruhigt sein. Der Pharao und unser Land sind nicht in Gefahr."

Sind sie doch!, hätte Hapu beinahe laut aufgeschrien, hielt sich allerdings im letzten Augenblick zurück.

Khun-Anup klopfte mit seiner Rute auf den Boden. „Lasst uns nicht weiter abschweifen. Zurück zu den Totenbüchern." Wie aus weiter Ferne hörte Hapu, wie Khun-Anup seinen Vortrag von der Reise durch die Unterwelt fortsetzte, doch er hörte kaum noch zu.

„... schließlich kommt die Seele des Verstorbenen in der Halle der beiden Gerechtigkeiten an, wo das Totengericht des Osiris tagt", berichtete der Lehrer. „Dort wird das Herz des Toten in eine Waagschale gelegt. Gibt er ehrliche Antworten, hält sein Herz mit der Feder der Gerechtigkeit in der anderen Waagschale das Gleichgewicht. Lügt er und sind seine Sünden schwerer als die Feder, dann wartet bereits ein Furcht erregendes, riesiges ..."

36

Das Totengericht interessierte Hapu nicht. Seine Gedanken kreisten nur noch um eines: Wie nur sollten Thuja und er das Reich und den Pharao vor dem Untergang bewahren?

„Hapu!", riss ihn die strenge Stimme des Lehrers aus seiner Träumerei. „Wer wartet auf den Sünder, um ihn zu verschlingen?"

„Ähm ..." Hapu wusste die Antwort nicht. „Eine Kobra?"

„Wer den Unterricht verschläft", rügte ihn Khun-Anup, „muss nachsitzen. Und ich weiß schon, was du als Strafe für mich tun kannst." Dann klatschte er in

die Hände. „Genug für heute! Ihr anderen könnt nach Hause gehen."

Die Jungen erhoben sich und strömten dem Ausgang zu. Hapu blickte ihnen sehnsüchtig nach. Der Lehrer hatte inzwischen in einer Holztruhe, in der er seine Schreibsachen aufbewahrte, gesucht und breitete nun mehrere bunte Papierschnipsel vor dem Jungen aus.

„Das ist eine Szene aus dem Totenbuch", erklärte er. „Genauer gesagt eine Abbildung des Totengerichts." Khun-Anup deutete auf eine hundsköpfige Figur. „Das ist Anubis, der den Verstorbenen empfängt. Daneben steht Thot mit seinem Ibiskopf. Er hält als Schreiber den Verlauf der Verhandlung mit Pinsel und Tinte fest. Osiris, der dem Gericht vorsteht, thront unter dem Baldachin. Etwa in der Mitte des Bildes, direkt unter der Waage, lauert das Wesen, das den Sünder verschlingt. Da du nicht aufgepasst hast, um was es sich dabei handelt, kannst du es jetzt selbst herausfinden."

„Aber", protestierte Hapu leise, „der Papyrus ist ja ganz zerrissen. Ich kann da gar nichts erkennen, vor allem nicht, was unter der Waage lauert!"

„Genau", meinte der Lehrer erbarmungslos. „Du musst die Stücke erst richtig zusammensetzen. Hier ist Leim." Er reichte ihm ein kleines Gefäß und einen Pinsel. „Wenn ich gleich wiederkomme, dann möchte ich, dass dieser Papyrus einwandfrei repariert ist. Verstanden?"

„Ja, Herr Lehrer." Niedergeschlagen betrachtete Hapu die Einzelteile. Wie sollte er das schaffen? Ohne große Begeisterung machte er sich an die Arbeit.

Was lauert unter der Waage?

Die Stadt der Toten

„Kannst du nicht aufpassen?" Ein glatzköpfiger Mann, dem die Nasenspitze fehlte, schnauzte Hapu an.

„Verzeihung", entschuldigte sich der Junge, der gedankenverloren aus dem Tempeltor hinaus auf die Straße getreten und dabei mit dem Mann zusammengestoßen war. Er bückte sich, um ihm zu helfen, die Gegenstände, die dabei aus seinem Sack gepurzelt waren, aufzuheben.

„Verschwinde", fauchte der Mann ihn unfreundlich an, während er hastig eine goldene, mit Türkisen besetzte Figur in den Sack stopfte. Er schulterte sein Bündel und eilte in Richtung Nekropole davon.

„Irgendetwas ist hier faul", murmelte Hapu. Es war höchst verdächtig, dass der nasenlose Mann mit einem Sack voller Wertgegenstände durch die Straßen schlich, und Hapu spürte, dass da noch etwas nicht stimmte. In diesem Augenblick kam Hor, der täglich vor der Schule auf seinen Herrn wartete, schwanzwedelnd auf ihn zugesprungen. Freudig leckte er ihm das Gesicht ab.

„Genau!", rief Hapu aus. „Die Nase, das ist es. Thuja hat mir erzählt, dass dem Mann, der ihren Vater
des Grabraubs beschuldigt hat, die Nasenspitze fehlte. Schnell, Hor! Wir dürfen keine Zeit verlieren. Wir
müssen hinterher."

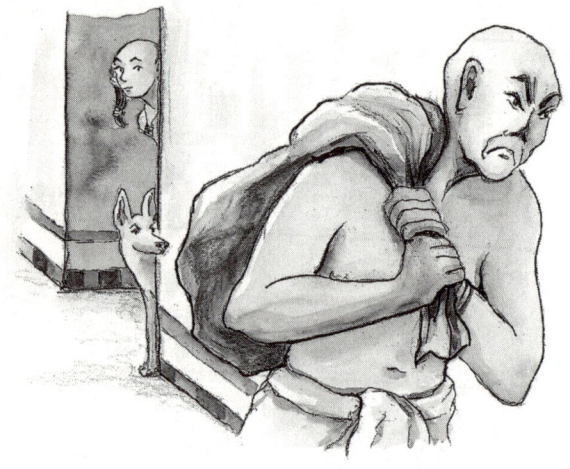

In sicherem Abstand folgten die beiden dem
Mann. Der Nasenlose stapfte eilig die Straße entlang,
vorbei an den Totentempeln, bis zu den Lehmhäu-
sern neben dem Sethos-Tempel. Hier lag das Zen-
trum der Totenstadt mit den Werkstätten der Sarg-
macher und den Läden, die Grabbeigaben jeder Art
anboten. Vor dem Laden eines Amulett-Herstellers
hielt Nasenlos an und blickte sich vorsichtig um.
Hapu duckte sich blitzschnell hinter einen Sarg, der

frisch bemalt zum Trocknen an eine Hauswand gelehnt stand. In diesem Moment bog eine Gruppe Trauergäste in die Gasse ein. Die Männer hatten sich zum Zeichen der Trauer Bärte stehen lassen, und die Frauen bewarfen sich laut klagend mit Staub.

„So ein Mist!", schimpfte Hapu. „Ich kann den Mann nirgends mehr sehen."

Hor hatte die Ohren aufgestellt und schnüffelte. Der Hund hatte die Spur nicht verloren und nahm, die Nase dicht am Boden, die Verfolgung auf. Er führte Hapu einen steinigen Weg entlang, und kurz darauf konnten sie den Mann ein kleines Stück vor ihnen wieder sehen. Nasenlos strebte auf die Hütten und Zelte am Ende der Straße zu, wo es auf einmal unerträglich zu stinken begann.

„Die Siedlung der Leichenwäscher und Balsamierer", murmelte Hapu. „Was will er dort?" Er konnte gerade noch sehen, wie Nasenlos auf ein schäbiges Zelt zueilte und unter der Plane, die den Eingang verdeckte, verschwand.

Der Junge schlich vorsichtig um das Zelt herum und untersuchte die Wände. Vielleicht gab es ja irgendwo eine Lücke, durch die er sehen konnte, was im Zelt vor sich ging. Vor lauter Eifer bemerkte er die Wanne nicht, die hinter dem Zelt abgestellt war.

„Autsch!", entfuhr es ihm, als er dagegen stieß. Ein Schwarm dicker, fetter Fliegen schwirrte auf. Das Becken, randvoll mit scharf riechenden Salzkristallen, schwankte gefährlich. Mit aller Kraft versuchte Hapu, es wieder ins Gleichgewicht zu bringen.

„Oh nein!", stieß er atemlos hervor und hielt sich die Hand vor den Mund. Er musste sich fast übergeben. Zwei leere Augenhöhlen starrten ihn an: Im Natronsalz der Wanne lag eine Leiche, von der nur die Zehenspitzen und das Gesicht zu sehen waren.

Nun beruhige dich, redete er sich gut zu. Das ist nur ein Toter, den die Balsamierer zur Konservierung in Salz eingelegt haben. Er hielt sich an einem Pfosten fest und atmete tief durch. Genau in diesem Augenblick bemerkte er einen schmalen Spalt in der Zeltwand. Neugierig spähte er hindurch.

Es dauerte nicht lange, bis sich seine Augen an das Dämmerlicht gewöhnt hatten. Auf einem niedrigen Tischchen sah er ein glänzendes Messer und verschiedene Haken, die Werkzeuge der Balsamierer, liegen. Davor stand eine Reihe von Kanopen.

Das Gruseligste war eine aufgebahrte Leiche, um die unzählige Fliegen kreisten. Von dem Mann mit dem Sack keine Spur.

Da plötzlich hörte Hapu Geflüster.

„Absolut einmalige Arbeit", raunte eine unbe-
kannte Stimme direkt unterhalb des Loches. „Wenn
du noch mehr Grabbeigaben auftreiben kannst, werde ich sie dir jederzeit abnehmen. Vor allem noch
mehr Figuren, wie dieses kleine Prachtstück mit den
eingelegten Türkisen. Aber auch Amulette, Ankh-
Kreuze, Skarabäen, Djed-Pfeiler …"

„Da wirst du nicht lange warten müssen", flüsterte
sein Gegenüber geheimnisvoll.

Hapu hielt den Atem an. Es war Nasenlos. „Wir
sind auf eine einmalige Quelle gestoßen", prahlte
Nasenlos weiter. „Wenn alles gut geht …" Er wurde
abrupt unterbrochen.

„Pssst", flüsterte der andere Mann. „Meine Kolle-
gen kommen von der Pause zurück."

Zwei Arbeiter und ein Lehrjunge betraten das Zelt. Sie grüßten kurz und nahmen gleich ihre Arbeit auf.

„Du musst das Gehirn mit dem Haken erst zerquirlen, dann kannst du es besser durch die Nase rausziehen", erklärte ein älterer Mann und machte sich am Schädel der Leiche zu schaffen.

„Wäre es nicht einfacher, ein Loch in den Schädel zu bohren, statt das Gehirn mühselig aus der Nase zu pulen?", fragte der Junge.

„Ja, manche Balsamierer machen das auch. Doch ich persönlich ziehe die Hakenmethode vor. Danach", fuhr er fort, „gießt man erhitztes Harz in den Schädel."

Der andere Arbeiter wusch den Leichnam sorgfältig ab, während der Junge sich auf den Boden hockte. Er wickelte schmale Stoffbänder in ordentliche Knäuel. Dabei fuhr er fort, den älteren Mann mit Fragen zu durchlöchern.

Hor, der geduldig neben Hapu gewartet hatte, zupfte plötzlich aufgeregt an dessen Lendenschurz.

„Sitz, Hor", wies ihn der Junge leise zurecht. Doch Hor gab nicht auf. Er knurrte, sträubte sein Fell und zog seinen Schwanz ein. In diesem Augenblick spürte Hapu einen festen Griff auf seiner Schulter. Er drehte sich um. Vor ihm stand ein Furcht erregendes Wesen, mit dem Körper eines Menschen und dem Kopf eines Hundes. Der Gott Anubis hatte die Welt der Lebenden aufgesucht.

„Was machst du hier?", fragte Anubis mit strenger Stimme.

„Ich ..." Hapu stockte der Atem.

„Ja?", sprach der Gott, während er an seinem Kopf zog und zerrte.

Hapu sah schreckenstarr zu, wie Anubis seinen Kopf abhob und unter den Arm klemmte. Es war nur eine Maske, unter der ein ganz normaler Mensch zum Vorschein kam.

Hapu atmete erleichtert auf. Natürlich! Wie konnte er nur vergessen, dass er hier bei den Balsamierern war! Der Mann war kein Gott, sondern ein Sterblicher, ein Priester, der bei den Riten der Einbalsamierung eine Anubis-Maske trug.

„Meine Katze ist gestorben", erklärte Hapu gefasst. „Ich suche einen guten Balsamierer für sie."

Der Priester musterte den Jungen interessiert. „Tut mir Leid", erklärte er. „Wir befassen uns nur mit menschlichen Leichen. Paneb, drei Zelte weiter, hat sich auf Haustiere spezialisiert."

Hapu bedankte sich und eilte, so schnell er konnte, um das Zelt herum zur Straße. Um Haaresbreite wäre er wieder mit dem nasenlosen Mann zusammengestoßen, der mit seinem Komplizen aus dem Zelt getreten war. Im letzten Augenblick hielt er ungesehen an. Mit klopfendem Herzen drückte der Junge sich an die Plane.

„Also, was sind die guten Nachrichten?"

„Ich glaube, es ist doch etwas zu riskant, hier über eine derart heikle Angelegenheit zu sprechen." Nasenlos blickte hektisch um sich.

„Nicht, wenn wir uns in der Sprache des Sonnengottes unterhalten."

„Nun gut", gab Nasenlos schließlich nach und senkte seine Stimme.

„Wirer sirend auref dares Grareb deres Zaureberererers gerestoreßeren", murmelte er. „Eres wirerd nirecht merehr larengere daureerern, bires wirer aurech dares Zaurebererburech gerefurenderen hareberen."

Sosehr sich Hapu auch anstrengte, er konnte kein Wort verstehen. Irritiert wiederholte er in Gedanken die Worte, die der Mann gesprochen hatte. Die Sprache des Sonnengottes? Hatte Re denn eine eigene Sprache? Re, Re ... Plötzlich wusste er, was Nasenlos dem anderen mitgeteilt hatte. Er musste so schnell wie möglich zurück ins Dorf, um Thuja davon zu berichten.

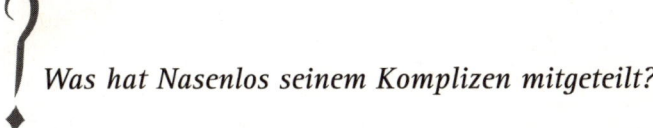

Was hat Nasenlos seinem Komplizen mitgeteilt?

Der Märchen-erzähler

„Du kannst sicher auch den Armreif eintauschen", seufzte die Mutter, während sie einen schmalen, goldenen Reifen vom Handgelenk strich. „Sieh zu, dass du einen guten Preis einhandelst. Ein kleiner Sack Getreide und möglicherweise etwas Fisch, ein paar Zwiebeln und vielleicht etwas Gemüse. Und, Thuja", fuhr sie fort, „tu mir einen Gefallen. Nimm Kheria mit zum Markt."

„Aber ...", wandte Thuja ein, die von der Aussicht, ihre kleine Schwester zu den ungeliebten Tauschgeschäften mitzunehmen, alles andere als begeistert war.

„Kein Aber", erwiderte die Mutter. „Du weißt genau, dass wir ohne Vater und Seti keine Essensrationen bekommen. Gehst du nicht zum Markt, gibt es auch nichts zum Essen."

Thuja blieb nichts anderes übrig, als Kheria in ein Tragetuch auf den Rücken zu packen und mit einem Bündel voller Tauschwaren die Dammstraße entlang zum Flussufer zu ziehen. Gleich neben der Anlegestelle der Fähre lag der Marktplatz der Nekropole.

Händler hatten hier Verkaufsstände errichtet, die sie durch Dächer aus Palmwedeln oder Stoffbahnen vor der Sonne schützten. Es herrschte reges Treiben, und die Stimmen der Kaufleute und ihrer Kunden übertönten sich beim Handeln um die Preise.

Thuja steuerte auf einen Fischhändler zu. Er war gerade dabei, einen riesigen Wels auszunehmen. In einem Binsenkorb vor ihm lag eine Reihe anderer Nilfische zur Auswahl. Thuja zog einen kleinen Skarabäus aus ihrem Bündel.

„Ein Skarabäus für den Fisch hier." Sie deutete auf den Wels, während sie mit der anderen Hand dem Mann das Amulett reichte.

Der Händler lachte. „Ein winziger Skarabäus für dieses Prachtexemplar? Da musst du schon mehr rausrücken."

Nach längerem Hin und Her einigten sie sich schließlich auf einen kleineren Fisch aus dem Korb. Zufrieden mit ihrem Kauf spazierte Thuja weiter zu einer alten Bauersfrau, die auf einer Matte kniete und Zwiebeln in ordentlichen Häufchen vor sich aufgeschichtet hatte. Sie wollte gerade anfangen, mit der Frau um die Zwiebeln zu handeln, als plötzlich Chaos ausbrach.

„Haltet den Dieb!", rief ein dicker Händler aufgebracht.

Thuja sah, wie ein junger Mann um die Verkaufsstände herumrannte und dabei über Körbe und Waren sprang. Früchte kullerten über den Weg, mehrere Tongefäße fielen um und zerbrachen. Der Fischhändler stellte sich dem Flüchtling in den Weg. Ohne Erfolg! Ein Junge stellte ihm ein Bein. Der Dieb stolperte, doch er rappelte sich schnell wieder auf und stürmte weiter.

„Da, da!", rief Kheria aufgeregt und zog Thuja an ihrem Zopf. Sie deutete mit ihren kleinen Fingern auf einen riesigen Pavian, der schrill kreischend die Verfolgung aufgenommen hatte. Und bevor sich's

der fliehende Dieb versah, hatte das Tier seine scharfen Zähne in dessen Wade gegraben. Verzweifelt versuchte er es abzuschütteln, doch es ließ ihn nicht los. Der Marktaufseher, der dem Pavian gefolgt war, packte den Mann und führte ihn nach einem kurzen Wortgefecht in Richtung Tempel ab.

„Den Pavianen entgeht nichts", erklärte Thuja ihrer Schwester, als wieder Ruhe eingekehrt war. „Deswegen werden sie auf Märkten als Wachposten eingestellt."

Doch Kheria hörte sie schon nicht mehr. Trotz aller Aufregung war sie auf dem Rücken ihrer großen Schwester eingeschlafen. Thuja wandte sich der Zwiebelfrau zu, um ihren Einkauf fortzusetzen, als ein fremder Junge sie am Arm zupfte.

„Bist du die Tochter von Ramose?" Thuja nickte. „Geh zum Märchenerzähler", befahl er. „Er wird dir weitere Anweisungen geben." Dann drückte er ihr eine Scherbe in die Hand und verschwand in der Menschenmenge.

Thuja untersuchte die Scherbe. Es war ein gewöhnliches Ostrakon, das viele Schreiber statt des teuren Papyrus benutzten. Eine Seite war unbeschrieben, auf der anderen konnte man Striche und Linien erkennen.

„Was soll das denn bedeuten?", wunderte sie sich und sah sich nach dem Märchenerzähler um. Schnell hatte sie die Gruppe von Zuhörern, die sich um den alten Mann versammelt hatte, entdeckt.

„Nur nicht drängeln", rügte eine Frau sie, als sie sich mit ihren Ellbogen nach vorn zwängte.

Der Märchenerzähler hockte auf dem sandigen Boden. Er blickte kurz auf, betrachtete Thuja eingehend und fuhr fort, mit wilden Bewegungen zu erzählen. Es dauerte nicht lange, bis das Mädchen sich in der

Geschichte zurechtfand, denn es handelte sich um ein beliebtes Märchen, das sie schon oft gehört hatte. Doch plötzlich nahm die Handlung eine unerwartete Wendung. Voller Interesse lauschte Thuja: Der Held, den ein böser Zauberer in einen Vogel verwandelt hatte, war auf der Suche nach einem Zauberbuch. Nur mithilfe des Buches konnte er wieder menschliche Gestalt annehmen.

„... und so geschah es, dass sich der verzauberte Prinz Pekhari auf die Suche nach dem Zauberbuch machte", erzählte der Mann. Für den Bruchteil einer Sekunde blickte er Thuja intensiv in die Augen und danach auf das Ostrakon, bevor er mit seiner Erzählung fortfuhr. „In der Gestalt eines Falken flog er übers schwarze Land vom ersten Katarakt im Süden bis hoch zum Delta im fernen Norden, bis er schließlich in einer Stadt mit unzähligen Tempeln landete. Hoch auf den Tempelmauern sah er das Land aus der Vogelperspektive, und er erinnerte sich mit einem Mal, was der alte, weise Mann gesprochen hatte. ‚Vom großen Tempel des Amun folge dem Sonnengott geradlinig auf seinem Weg über den Horizont, über den Fluss hinweg gen Westen, wo der Sonnengott abends in die Unterwelt zurückkehrt. Unterhalb der Berge befindet sich eine Reihe von Tempeln. Überquere die Kreuzung beim größten Tempel in Richtung Berge. Folge diesem Weg eine kurze Strecke bis zur nächsten Weggabelung. Wähle den rechten Pfad, der dich an einem Dorf vorbeiführt. Wenn du hier entlanggehst, wirst du bald wieder auf eine Straße mit Tempeln stoßen. Biege nach links in die Straße ein und bei der nächsten Weggabelung nach rechts. Gehe so lange weiter, bis du eine Querstraße erreichst, die in der einen Richtung zum Fluss, in der anderen zu den Bergen führt. Biege nach links ab. Wenn sich die Straße das nächste Mal teilt, gehe nach rechts. Dort wirst du ein Grab finden, auf dessen Siegel eine geflügelte Kobra abgebildet ist. Der Prinz befolgte die Anweisungen des weisen Mannes und gelangte in ein verborgenes Tal, in dem sich unzählige Gräber befanden. Es war nicht schwierig, das beschriebene Grab zu finden, und siehe da, er fand auch das Zauberbuch mit der Formel, die ihn zurück in einen Prinzen verwandelte. Um alles Böse zu vernichten, zerstörte er das Buch und lebte glücklich bis an sein Lebensende."

„Das ist ein Plan von Theben", erkannte Hapu gleich, als ihm Thuja am folgenden Abend die Scherbe zeigte. „Hier ist der Amun-Tempel, da der Nil und hier die Berge des Westens mit der Nekropole."

„Jetzt wird mir alles klar!", flüsterte das Mädchen. „Es ist eine Botschaft von Vater. Er hat den Märchenerzähler beauftragt, mir verschlüsselte Anweisungen zu geben, wo wir das Zauberbuch finden können."

„Unsinn", lachte der Junge. „Dein Vater ist im Gefängnis. Woher sollte er denn wissen, dass du ausge-

rechnet heute auf den Markt gehst?" Hapu schaute sie zweifelnd an.

„Das weiß ich auch nicht. Jedenfalls folgte der Prinz in der Geschichte den Anweisungen ..."

„Moment mal!", unterbrach Hapu. „Deine Theorie ist aber gar nicht so übel. Die Grabräuber sind nämlich auch auf einer heißen Spur."

„Welche Grabräuber?"

Endlich kam der Junge dazu, seiner Freundin zu berichten, was er am Nachmittag über Nasenlos und das Zauberbuch herausgefunden hatte.

Thuja starrte ihn an. „Wieso hast du mir das nicht gleich erzählt?"

„Du hast mich nicht zu Wort kommen lassen", grinste Hapu. „Aber jetzt sag schon, welche Anweisungen hat dir der Märchenerzähler gegeben?"

„Vom größten Tempel auf der Westseite des Flusses, damit meint er wohl das Ramesseum, führt ein Weg nach rechts zu den Bergen ..." Sie folgte mit ihrem Finger den Linien auf dem Ostrakon.

„Hier!" Sie deutete triumphierend auf die Scherbe. „Diese Stelle markiert das Grab des Zauberers."

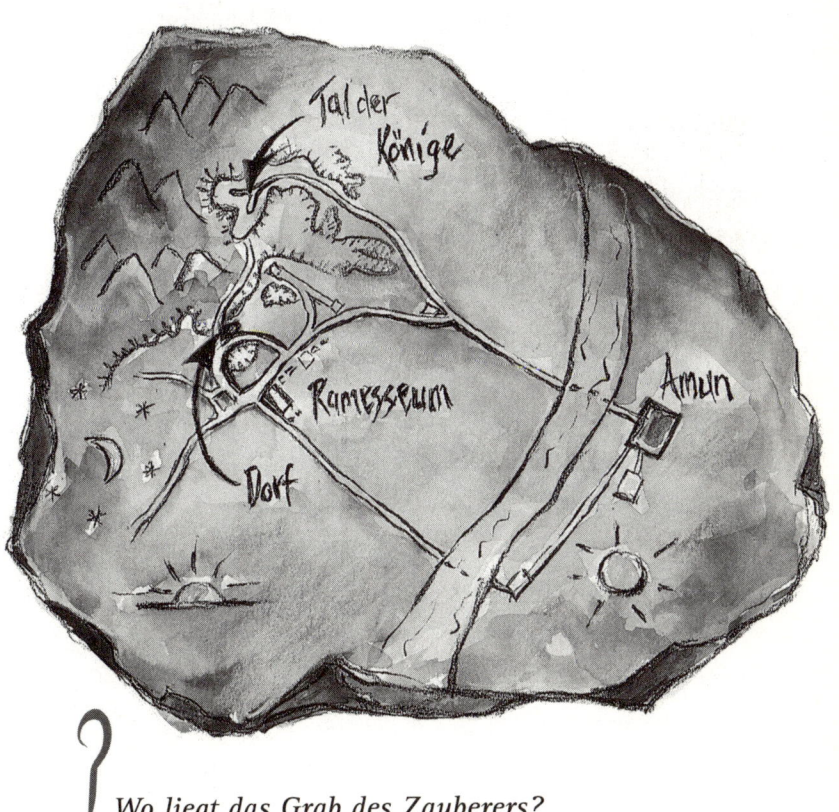

Wo liegt das Grab des Zauberers?

Inspektoren-
besuch

„Da können wir unmöglich hin." Hapu starrte Thuja an. „Das Tal der Könige wird Tag und Nacht bewacht."

„Na und?" Thuja war fest entschlossen. „Was die Grabräuber können, schaffen wir auch. Wir warten einfach, bis es dunkel ist, schleichen ins Tal und gehen zum Grab des Zauberers. Mit dem Plan hier", sie deutete auf das Ostrakon, „ist das kinderleicht."

Hapu musterte Thuja zweifelnd.

„Sobald wir das Zauberbuch gefunden haben", fuhr sie fort, „vernichten wir es. Wenn der Wesir dann erfährt, dass wir den Pharao und das Reich vor dem Untergang bewahrt haben, wird er Vater und Seti sofort freilassen."

„Und wenn wir erwischt werden?" Hapu war sich der Sache ganz und gar nicht sicher.

„Feigling!", spottete Thuja. „Du hast ja nur Angst."

„Habe ich nicht", widersprach der Junge heftig. „Aber hast du je bedacht, dass es sich um eine Falle handeln könnte?"

„Eine Falle?"

„Ja. Was, wenn der Märchenerzähler mit Nasenlos unter einer Decke steckt? Möglicherweise wollen uns die Räuber nur ins Grab locken, um uns aus dem Weg zu schaffen."

Thuja blickte den Freund mit großen Augen an. „Und was schlägst du vor?"

„Ich möchte meinen Vater einweihen. Der kann den Gouverneur und die Polizei benachrichtigen."

Thuja schüttelte den Kopf. „Nein, hast du vergessen, dass wir niemandem trauen sollen? Nichts gegen deinen Vater, aber die Polizei, der Gouverneur ... Auf keinen Fall." Plötzlich hellte sich ihr Blick auf. „Eigentlich ist das doch keine so schlechte Idee. Wir müssen das Zauberbuch überhaupt nicht erwähnen. Wir sagen nur, dass wir den Verdacht haben, dass Gräber ausgeraubt werden. Da wird der Gouverneur eine Untersuchung einleiten und ..."

„Genau! Die Inspektoren werden auf das beschädigte Siegel stoßen, und die Grabräuber bekommen es mit der Angst zu tun."

Gute Idee! Lass uns zu deinem Vater gehen."

„Bin schon auf dem Weg." Hapu nahm Anlauf und sprang mit einem Riesensatz über die Straße aufs Nachbardach. Hor folgte.

„Bis gleich!", rief Thuja. Sie zog die Treppen vor.

Verdacht auf Grabraub war eine ernste Angelegenheit, und der Gouverneur und seine Inspektoren trafen bereits am folgenden Nachmittag im Arbeiterdorf ein. Es war unangenehm heiß, als sie den steinigen Pfad hinter dem Dorf hochzogen. Hapus Vater, der Dorfschreiber, führte die kleine Gruppe an. Der Gouverneur, der auf einer von zwei Eseln getragenen Sänfte thronte, folgte ihm. Seine Diener fächelten ihm mit Straußenfedern Luft zu. Danach kamen Psaro, der Polizeichef West-Thebens, der Schreiber des Gouverneurs, mehrere königliche Beamte, Hapu, Thuja und schließlich Hor.

„Ich kann immer noch nicht fassen, dass wir mit-
dürfen", flüsterte Thuja.

„Wieso nicht? Immerhin sind wir wichtige Zeugen", antwortete Hapu grinsend.

Nach einer Weile erreichten sie den Bergsattel.
Nach Osten hin bot sich hier ein fantastischer Blick
auf das fruchtbare Niltal und Theben. Auf der anderen Seite erstreckten sich die trockenen Wüstentäler
mit ihren schroffen Felswänden. Kurz hinter einer
kleinen Hüttensiedlung, in der die königlichen Arbeiter während der Woche untergebracht waren,
schlängelte sich ein steiler Pfad hinab ins Tal der

Könige. Der Pfad war zu schmal für die Esel mit der Sänfte, und selbst der Gouverneur musste zu Fuß weiter.

„Grabräuber", erklärte ihm Psaro gerade, „haben nicht die geringste Chance, ungesehen ins Tal zu gelangen, geschweige denn, ein Grab auszurauben."

„Was lässt Sie da so sicher sein?", fragte ihn der Gouverneur schnaufend.

„Es gibt nichts im ganzen Reich, außer vielleicht dem Pharao, was besser bewacht wird als die Gräber. Zurzeit arbeiten mehr als 20 Medjai für mich, die diese Gräber vor Räubern schützen."

„Ich weiß, ich weiß", erwiderte der Gouverneur ungeduldig. „Haben Sie vergessen, dass die Polizei West-Thebens unter meiner Kontrolle steht?"

„Selbstverständlich nicht, verehrter Gouverneur", gab Psaro kleinlaut zu. „Alles, was ich damit sagen will, ist, dass die Gräber absolut sicher sind."

„Und was", hakte der Gouverneur nach, „wenn die Diebe sich in der Nacht an die Gräber heranpirschen, während Ihre Männer tief und fest schlafen?"

„Auf dem Bergkamm ums Tal herum haben wir rund um die Uhr Wachposten aufgestellt. Diesen Männern entgeht nichts. Selbst das leiseste Flüstern wird durch das Echo zu ihnen hochgetragen."

Der Gouverneur ließ sich nicht so leicht beeindrucken. „Können Sie Ihren Männern trauen?", wollte er wissen.

„Selbstverständlich", antwortete der Polizeichef beleidigt.

„Wenn ich etwas bemerken darf, Herr Gouverneur", mischte sich einer der Beamten, ein königlicher Inspektor, ein. „Man darf nicht vergessen, dass die hohen Strafen, die auf Grabraub stehen, Diebe zusätzlich abschrecken."

„Natürlich", stimmte ihm der Gouverneur zu. „Tod durch Aufspießen, Zwangsarbeit, das Abschneiden der Nase und der Ohren ..."

„Meinst du, Nasenlos wurde bereits einmal wegen Grabraubes verurteilt?", fragte Thuja leise.

Hapu pfiff leise durch die Zähne. „Worauf du dich verlassen kannst."

„Sieht so aus, als hätten Sie Recht", stellte der Gouverneur später am Nachmittag fest, nachdem er mit seinen Inspektoren einen Grabeingang nach dem anderen sorgfältig untersucht hatte. „Kein einziges Siegel ist verletzt. Gute Arbeit, Psaro!", lobte er den Polizeichef.

„Danke, Herr Gouverneur!" Psaros Brust schwoll vor Stolz an. „Sie können beruhigt nach Hause gehen. Das Tal der Könige ist vor Dieben sicher."

„Ist es nicht", platzte es aus Thuja heraus. Erschrocken hielt sie sich die Hände vor den Mund.

„Wie bitte?" Der Gouverneur blickte sich um, und seine Begleiter starrten das Mädchen entsetzt an.

Verlegen drehte sie das Ende ihres Zopfes zwischen den Fingern. „Ent... Entschuldigung", stotterte sie. „Ich wollte nicht unhöflich sein. Ist mir nur so rausgerutscht."

„Glauben Sie ihr kein Wort", riet Psaro. „Kinder erzählen ständig Lügenmärchen."

Doch der Gouverneur wollte der Sache auf den Grund gehen. „Sprich, mein Kind. Wieso meinst du, dass die Gräber in Gefahr sind?"

„Ich weiß", erklärte das Mädchen zaghaft, „dass die Gräber ausgeraubt werden. Auch wenn die Räuber hier im Tal keine Spuren hinterlassen haben. Mein Freund", sie deutete auf Hapu, „Sohn des Dorfschreibers Horemheb, hat mit eigenen Augen gesehen, wie ein Grabräuber einem der Balsamierer in der Nekropole gestohlene Ware angeboten hat."

„Stimmt das, mein Junge?"

Hapu nickte. „Ja, Herr Gouverneur."

„Der Mann hat keine Nase. Er ist ein Verbrecher", fuhr Thuja fort. „Und um die Polizei irrezuleiten, hat er meinen Vater und meinen Bruder beschuldigt."

„Ich kenne den Mann", mischte sich Hapus Vater ein. „Er ist einer der Arbeiter im Tal der Könige."

„Na, dann werden wir uns den Mann mal vor-knöpfen", meinte der Gouverneur und stieg mit schnellen Schritten den Pfad zum Lager der Arbeiter hoch.

Nasenlos, der mit einem Bier in der Hand vor sei-ner Hütte hockte, stand missmutig auf, als sich die Gruppe näherte. „Kann man nicht mal mehr seinen Feierabend genießen, ohne dabei gestört zu wer-den?"

Der Gouverneur wollte gerade sein Anliegen erklären, als Nasenlos fortfuhr: „Sie verschwenden Ihre
Zeit. Ich habe nichts mit dem Grabraub zu tun."

„Tatsächlich?", antwortete der Gouverneur. „Dieser
junge Mann hier ist anderer Meinung. Er behauptet,
dass Sie mit geraubten Grabbeigaben handeln."

„Na, das ist ja die Höhe!", fluchte Nasenlos und
warf Hapu einen eisigen Blick zu. „Gehen Sie ruhig
in die Nekropole. Die Balsamierer dort haben mich
bestimmt noch nie gesehen. Außerdem, wer würde
denn am helllichten Tage mit einem Sack voller
Raubgut durch die Gegend laufen? Das muss ein
ganz schön einfältiger Räuber sein."

„Herr Gouverneur", sprach Hapu leise. „Ich weiß,
dass der Mann in der Nekropole war. Jetzt habe ich
den Beweis."

„Ich auch", lächelte der Gouverneur. Und dann
wandte er sich an Psaro. „Führen Sie den Mann ab.
Er lügt."

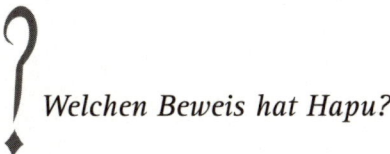

Welchen Beweis hat Hapu?

Die Schlangen-grube

„Was machst du denn hier?" Hapu betrachtete Thuja erstaunt, als er am nächsten Tag nach Schulschluss auf die Straße trat. Das Mädchen, mit der schlafenden Schwester auf dem Rücken, wartete dort ungeduldig neben dem treuen Hor.

„Der Nasenlose", berichtete sie atemlos, „wurde wieder freigelassen. Ich habe ihn mit meinen eigenen Augen gesehen. Er lief durchs Dorf, als ob nichts geschehen wäre."

„Unmöglich!" Hapu blickte die Freundin entgeistert an. „Der Polizeichef hat ihn doch gestern Abend abgeführt."

Thuja nickte zustimmend. „Richtig, und heute ist er wieder auf freiem Fuß. Vermutlich hat er Psaro einen Anteil an der Beute versprochen!"

„Das kann doch nicht wahr sein!" Der Junge wollte es einfach nicht glauben. „Was machen wir denn jetzt?"

„Wenn wir Ägypten und den Pharao vor dem Untergang bewahren wollen", meinte Thuja, „bleibt uns nur eine Möglichkeit."

„Stimmt", pflichtete ihr Hapu bei. „Wir müssen uns doch allein ins Tal der Könige wagen und versuchen, in das Grab des Zauberers zu gelangen."

Thuja nickte. „Genau. Allerdings gibt es da ein großes Problem. Der Eingang ist mit Sicherheit versiegelt und mit einer riesigen Felsplatte versperrt. Da kommen wir ohne Hilfe nie rein."

„Außer", erwiderte Hapu nachdenklich, „es gibt irgendwo noch einen zweiten Eingang. Das ist unsere einzige Hoffnung."

„Wie wäre es, wenn wir heute Nacht danach suchen?" Thuja war gleich bei der Sache.

„Einverstanden."

Ein Schakal heulte in der Ferne, als die beiden Freunde und der Hund kurz vor Mitternacht den ausgetretenen Pfad hinter dem Dorf hochstiegen. Ganz in der Nähe ertönte ein leises Pfeifen.

Hapu hielt inne. „Hast du das auch gehört?"

Thuja nickte stumm. Etwas Schwarzes schoss über ihren Köpfen auf die Felswand zu. Hor begann, leise zu knurren.

„Ob das wohl ein Ba ist?" Hapu schauderte. „Ein Totengeist?"

„Nicht um diese Zeit", beruhigte ihn Thuja. „Dafür

ist es viel zu spät. Bas kehren bei Sonnenuntergang in die Unterwelt zurück."

„Vielleicht hat er die Fähre versäumt", schlug der Junge vor.

Wieder schoss ein schwarzes Wesen schrill pfeifend über sie hinweg. Plötzlich lachte Thuja laut auf.

„Dein Totengeist", kicherte sie, „ist eine Fledermaus. Die wohnen in den Felsspalten."

Die Kinder zogen stetig weiter, als Thuja auf einmal an ihrem Plan zu zweifeln begann. „Was, wenn uns die Wachposten hören?", fragte sie. „Kannst du dich noch erinnern, was der Polizeichef erklärt hat?"

„Natürlich!" Hapu nickte. „Die Medjai können jeden Laut hören, da das Echo den Klang trägt. Ich weiß." Er hielt einen Augenblick inne. „Aber wir haben einen Vorteil auf unserer Seite."

Der Junge deutete auf die dunklen Sturmwolken, die sich über den Hügeln im Westen zusammengebraut hatten. „Bald wird der Wind so laut pfeifen, dass selbst die lautesten Geräusche davon überdeckt werden."

Und tatsächlich, wie auf ein Zauberwort begann eine Windböe den Staub aufzuwirbeln. Wolkenfetzen zogen eilig über den Mond hinweg. Einen Augenblick lang war es hell, und man sah die Sterne, den nächsten war es stockdunkel.

„Komm, wir beeilen uns besser, bevor es richtig losgeht." Die Kinder kletterten den Pfad, der ins Tal der Könige führte, hinab.

Der Wind wehte immer heftiger. Als Thuja und Hapu im Tal ankamen, fegte er so sehr, dass sie kaum dagegen ankamen.

„Ich glaube, wir suchen besser unter einem Felsen

Zuflucht", keuchte Hapu, während er seine Hände schützend vors Gesicht hielt. „Dieser Sand ist ekelhaft."

„Ja", stöhnte Thuja heiser. „Es ist, als ob man von unzähligen Nadeln gepikst würde." Und dann war Hapu, der eben noch dicht neben ihr gestanden hatte, plötzlich spurlos verschwunden.

„Hapu!", rief sie. „Wo bist du?"

Keine Antwort. „Hapu?"

Einen kurzen Augenblick lang glaubte Thuja im fahlen Mondlicht eine Gestalt zu sehen. Dann hüllte die Finsternis wieder alles ein, und der Sturm heulte auf.

„Hapu, Hor!" In weiter Ferne konnte sie ein Bellen wahrnehmen.

Und plötzlich wusste sie nicht mehr, wie ihr geschah. Sie hatte den Boden unter den Füßen verloren und fiel und fiel. Tiefer und tiefer, bis sie mit einem dumpfen Aufprall hart landete.

„Autsch!", stöhnte sie und rieb sich das Hinterteil.

„Thuja?", hörte sie Hapus Stimme dicht neben sich in der Dunkelheit.

„Hapu! Wo sind wir hier?"

„Sieht so aus, als wären wir durch einen Schacht in ein Grab gefallen."

Thuja lief es eiskalt den Rücken hinab. „Und was machen wir jetzt?"

„Wir suchen nach einem Ausgang." Hapu war zuversichtlich. „Ich halte mich an Hors Schwanz fest, und du hältst meine Hand."

Die beiden tasteten sich vorsichtig hinter Hor durch den dunklen Gang. Plötzlich blieb Hapu stehen. „Täusche ich mich, oder siehst du auch ein Licht?" Tatsächlich, in der Ferne war ein schwacher Schimmer zu erkennen.

Thuja war entsetzt. Grabräuber! „Dann habe ich mich doch nicht getäuscht."

„Wie meinst du das?"

„Als du plötzlich verschwunden warst, habe ich eine Gestalt gesehen. Erst dachte ich, dass es du wärst. Ich wusste ja nicht, dass du bereits in den Schacht gefallen warst. Jetzt bin ich überzeugt, es war Nasenlos oder einer seiner Komplizen."

„Schreck lass nach", stöhnte Hapu auf. „Das heißt, wir sind im Grab des Zauberers gelandet! Hoffentlich haben die Räuber das Zauberbuch noch nicht gefunden. Komm, wir dürfen keine Zeit verlieren."

Mutig schlichen sie auf den erhellten Gang zu, wo eine verlassene Öllampe gespenstische Schatten an die Wände warf.

„Niemand zu sehen", flüsterte Thuja.

Hapu griff nach dem Licht. „Jetzt können wir wenigstens sehen, wohin wir gehen." Er hielt die Lampe so, dass man den Gang deutlich erkennen konnte.

„Sieh dir mal diese fantastischen Wandmalereien an!", staunte er wenige Schritte später.

„Pass auf, wo du hintrittst!", warnte Thuja und hielt ihn zurück. Schnell nahm sie Hor auf den Arm. „Hier geht es nicht weiter." Vor ihnen tat sich ein tiefer Abgrund auf. Neugierig beugte sich das Mädchen

über den Rand. Wie vom Blitz getroffen fuhr sie zurück. „Da ... da können wir nicht rüber", stotterte sie.
„Guck mal, was da drin ist."

Hapu hielt die Lampe über die Öffnung und hätte
sie vor Schreck beinahe fallen lassen. Unten in der
Tiefe wimmelte es von Schlangen, die sich wild um-
einander wanden.

„Das sind Vipern", erklärte er. „Ihr Biss ist tödlich."

„Ich weiß", erwiderte Thuja, die die Entfernung zur
anderen Seite abschätzte. „Wir könnten vielleicht
doch springen", schlug sie vor.

„Ja, und dabei in den Tod stürzen."

„Moment mal." Thuja hielt inne. „Halt mal die Lampe höher. Sind das nicht Trittsteine?"

Tatsächlich ragten behauene Steinblöcke aus der Schlangengrube. Sie standen so nah nebeneinander, dass man mühelos die Kluft überqueren konnte. Thuja wollte gerade auf den ersten Stein treten, als Hapu sie am Arm packte.

„Halt!", rief er. „Da steckt sicher ein Trick dahinter. Siehst du die Zahlen auf den Steinen?"

Thuja nickte. „Ich kann zwar nicht lesen", erklärte sie, „doch mit Zahlen kenne ich mich aus. Einer werden als Blöcke dargestellt und Zehner als Bogen."

„Richtig. Und ich wette, dass man, wenn man auf den falschen Stein tritt, unten bei den Schlangen landet."

„Und welche Steine sind die richtigen?"

Hapu überlegte. „Irgendwie erinnert mich das Ganze an die Rechenaufgaben, die uns Khun-Anup manchmal stellt ..."

„Und?" Thuja setzte Hor wieder ab, der leise winselnd um Hapus Beine strich. „Was hat das mit der Schlangengrube zu tun?"

„Ich hab's", rief Hapu triumphierend. „Es geht um die richtige Zahlenfolge! Nur die Steine sind sicher, die durch die gleiche Zahl teilbar sind. Sieh dir die erste Reihe an. Da ist eine 5, eine 9 und eine 11. Wenn wir ausrechnen, welche dieser Zahlen sowohl in die zweite als auch in die dritte und vierte Reihe passt, dann wissen wir, auf welche Blöcke wir gefahrlos treten können."

Thuja stöhnte auf. „Geht das nicht einfacher?"

Doch Hapu begann bereits, fieberhaft zu rechnen.

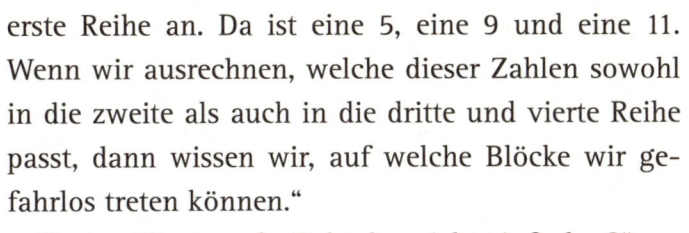

Welche Steine sind sicher?

Im Grabmal des Zauberers

„Geschafft", atmete Hapu erleichtert auf, als Thuja, Hor und er wohlbehalten auf der anderen Seite der Grube angekommen waren.

Die Kinder und der Hund eilten den Gang entlang und erreichten nach wenigen Metern eine kleine Kammer. Von dort ging es weiter durch einen schmalen Korridor, der in eine prächtige Säulenhalle mündete.

„Oh!", bestaunte Thuja das dunkelblaue Deckengewölbe, das über und über mit goldenen Sternen bedeckt war. „Hast du je so etwas Schönes gesehen? Die Sterne funkeln, als wären sie echt."

„Komm, weiter", drängte Hapu. „Geradeaus oder nach rechts?"

„Geradeaus", schlug das Mädchen vor. Aber der Weg stellte sich als Sackgasse heraus, und sie mussten zurück in die Säulenhalle. Hor blickte mit großen Augen vom einen zum anderen.

„Wenn das so weitergeht", stöhnte Hapu, „werden wir die Grabkammer des Zauberers nie rechtzeitig finden."

„Ach was, so schwierig kann das nun auch wieder nicht sein." Thuja war zuversichtlich. „Wir biegen hier links in den Gang ein und folgen ihm so lange, bis wir auf die Kammer stoßen."

„Hast du eine Ahnung!" Der Junge war sich keineswegs so sicher. „Warst du je in einem Grab?"

„Natürlich, in der Gruft meiner Großeltern."

„Ich meine doch in einem Königsgrab. Hast du denn deinen Vater oder deinen Bruder noch nie zur Arbeit begleitet?"

Thuja schüttelte den Kopf. „Meinst du etwa, die lassen ein Mädchen in das Grab von Ramses? Niemals! Ich weiß nur, dass es sehr weitläufig sein soll."

„Eben, weitläufig! Die Gräber hier im Tal werden absichtlich wie riesige Labyrinthe gebaut, damit man sich hoffnungslos darin verirrt."

Aber Thuja ließ sich nicht so schnell entmutigen. Sie zerrte Hapu in einen Gang, dessen bunt bemalte Wände im Lampenlicht schimmerten. Da gab es Männer, die Felder bestellten, Fischer, die ihren Fang zum Verkauf anboten, feine adelige Damen in ihren Palästen.

Auch die Nischen auf beiden Seiten des Korridors waren mit farbenfrohen Bildern überzogen. Hor lief den beiden aufgeregt voraus.

„Ob das die Grabkammer ist?" Der Junge leuchtete hoffnungsvoll in den nächsten Raum. Doch bis auf vier verzierte Säulen war der Saal leer. Im Vorübergehen begann Hapu, die Wände genauer zu betrachten. Plötzlich blieb er stehen.

„Das ist eine Szene aus dem Totenbuch", rief er begeistert und deutete auf die Figuren. „Hier ist Anubis mit der Waage und da unten das Monster Ammit, das diejenigen verschlingt, die im Leben gesündigt haben."

„Da hat unser nasenloser Freund aber gute Aussichten", lachte Thuja. „An dessen Stelle möchte ich lieber nicht sein."

„Sieh dir diese einmaligen Bilder an!" Hapu konnte sich von den Wandgemälden gar nicht losreißen. „Die sind so viel besser als die aus dem Totenbuch, die mir mein Lehrer gezeigt hat. Wenn ich doch nur Maler werden könnte!"

„Du kannst dich als Lehrling im Grab von Ramses bewerben", schlug Thuja vor. „Meinen Bruder haben sie auch genommen, und der ist nur ein paar Jahre älter als du."

„Ja, aber deinen Bruder haben sie nur akzeptiert, weil dein Vater Maler ist und dessen Vater auch Maler war. Mein Vater ist Schreiber. Da bleibt mir doch gar keine andere Wahl, als auch Schreiber zu werden."

Thuja zuckte mit den Schultern. „Komm", trieb sie Hapu zur Eile an. „Bilder vom Totengericht kannst du dir ein anderes Mal anschauen, und deine Berufswahl kann auch warten."

Von der kleinen Säulenhalle führte ein Durchbruch in einen weiteren Gang.

„Und jetzt? Rechts oder links?"

„Rechts – nein, versuchen wir es links", schlug Thuja vor und zog selbstsicher los.

„Das gibt es doch nicht!", stöhnte Hapu, als der Weg abermals auf einen Quergang stieß. Erschöpft streichelte er Hor, der sofort mit dem Schwanz wedelte.

Auf der linken Seite führte ein dunkler Gang steil nach oben.

„Ich vermute, diese Stufen kommen vom versiegelten Haupteingang herunter. Biegen wir also besser nach rechts ab."

Sie eilten weiter und durchquerten einen kleinen Raum, von dem ein kurzer Korridor in eine Säulenhalle führte. Hier liefen die drei geradeaus weiter, ließen einen weiteren Gang mit steilen Stufen links liegen und gelangten schließlich in einen rechteckigen Raum.

Als Hapu die Lampe hochhielt, lachte Thuja hell auf.

„Pssst! Sei leise", fuhr der Junge sie an. „Du willst doch nicht, dass uns die Grabräuber hören. Die könnten ganz in der Nähe sein."

Erschrocken presste Thuja sich die Hand vor den Mund und lauschte. Doch es war totenstill.

„Schau dir mal diese Bilder an", kicherte sie leise. „So etwas habe ich in meinem Leben nicht gesehen."

Wie überall im Grab waren die Wände bunt bemalt, doch statt Menschen und Göttern waren in diesem Raum Tiere abgebildet.

„Die Maus dort", flüsterte Thuja und deutete auf ein Bild, „sitzt aufrecht auf einem Hocker und trägt ein Kleid."

„Ja, und diese Katze hier hütet Gänse", prustete Hapu los. „Und der Affe da ist als Priester verkleidet. Das kann doch nicht wahr sein! Dieser Löwe spielt Flöte, und das Krokodil –"

Thuja unterbrach ihn: „Hast du das gehört?"

Im Gang hinter ihnen erklangen Stimmen.

„Die Grabräuber! Schnell, lass uns weitergehen, bevor sie uns einholen."

Hastig verließen sie den Raum und gelangten in einen großen Säulensaal.

„Waren wir hier nicht schon mal?", wunderte sich Thuja und blickte auf das Sternengewölbe, das sich über ihnen erstreckte.

„Nein", flüsterte Hapu. „Dieser Saal ist größer, und es gibt hier auch mehr Säulen."

Gegenüber befanden sich zwei Ausgänge. Hor fällte die Entscheidung, indem er durch den rechten Torbogen stürmte. Von dem anschließenden Seitenraum ging es wieder nach rechts durch zwei Kammern, bis sie schließlich in einem Gang landeten.

„Wenn die Grabräuber das Zauberbuch zuerst finden", keuchte Thuja, „dann sind wir erledigt."

„Weiß ich auch", murmelte Hapu und rannte weiter.

Kurz darauf stießen sie auf eine Weggabelung.

„Rechts rum", schlug der Junge vor. Er blieb einen Augenblick stehen und lauschte. Außer Hors Hecheln war nichts zu hören. Sie zogen weiter, bis sie links einen Eingang sahen.

„Wenn das nicht die Grabkammer ist ...", stieß Hapu aufgeregt hervor. Er hielt die Lampe hoch. Und beinahe hätte er vor Wut und Enttäuschung laut aufgeschrien. „So ein Mist! Hier waren wir schon mal", seufzte er. „Wir sind im Kreis gelaufen!"

„Vielleicht gibt es ja mehrere Hallen, in denen Totenbuchszenen abgebildet sind", meinte Thuja. Doch auch sie erkannte den Raum.

Sie traten zurück in den Gang und schlichen zur Weggabelung zurück. Plötzlich blieb Hapu stehen. Er hatte eine Idee. Sorgfältig begann er die Wände abzutasten.

„Fehlt dir was?" Thuja musterte ihn besorgt.

Hapu schüttelte den Kopf. „Mein Vater", erklärte er, „hat mir erzählt, dass in den Grüften oft Geheimtüren angebracht werden."

„Und du glaubst ernsthaft ...“

„Moment mal!“ Aufgeregt hielt der Junge die Lampe hoch. „Schau dir das an!“

Thuja stellte sich auf ihre Zehenspitzen, um genauer sehen zu können.

„Sieht wie ein Plan aus“, stellte sie fest.

„Genau“, bestätigte Hapu. „Ein Plan des Grabes! Hier ist die Schlangengrube und hier das Gewölbe mit dem Sternenhimmel.“

„Tatsächlich!“ Thuja staunte. „Und das hier“, sie deutete auf eine winzige Abbildung, „ist der Sarkophag des Zauberers.“ Sie begann aufgeregt zu zappeln, und auch Hor war ganz unruhig. Er rannte immer im Kreis um die Kinder herum. „Hapu, wenn wir wüssten, wo wir hier sind, wäre es kinderleicht, die Grabkammer zu finden.“

Hapu nickte. „Ja, doch wo um alles in der Welt sind wir? Ich habe total den Überblick verloren.“

„Das ist nicht schwierig.“ Thuja überlegte. „Wir wissen, dass wir die Schlangengrube überquert haben. Wenn wir versuchen, uns zu erinnern, welche Wege wir danach eingeschlagen haben, dann können wir mühelos herausfinden, wo wir sind.“

„Daran kann ich mich unmöglich erinnern. Es gab so viele verschiedene Abzweigungen!“

„Komm, streng dich an. Von der Schlangengrube ging es geradeaus weiter, bis wir zur Säulenhalle mit den Sternen kamen." Thuja lief den Weg in Gedanken nochmals ab. „Wir sind hier", rief sie triumphierend.

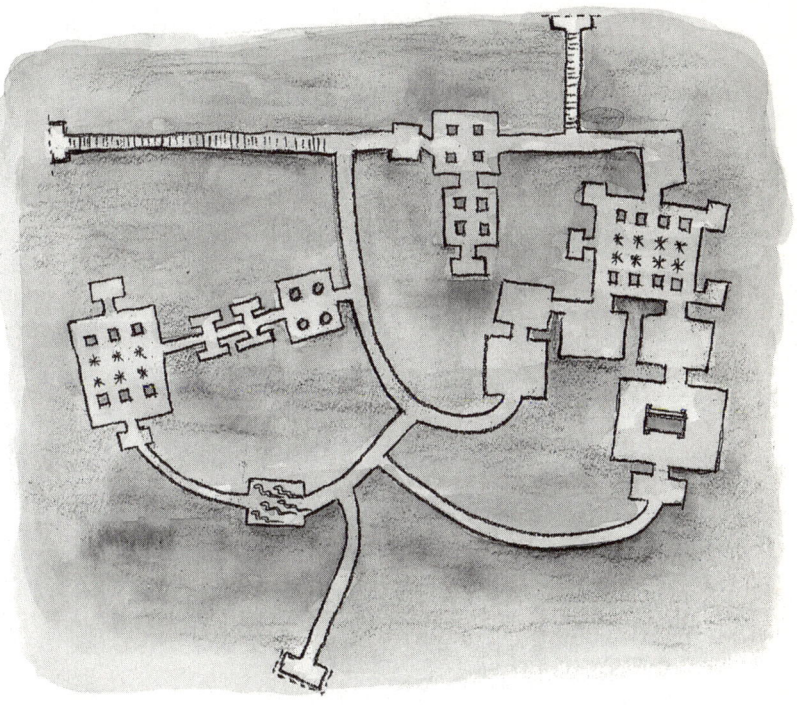

An welcher Stelle befinden sie sich?

Zu spät!

„Beeil dich", trieb Hapu Thuja an, als sie den finsteren Gang entlanghetzten. Den erschöpften Hor hatte er auf den Arm genommen. Das Licht der Lampe flackerte gefährlich.

„Pass auf, dass es nicht ausgeht!", keuchte Thuja. „Sonst schaffen wir es nie."

Flüchtig blickte sie auf ihre gespenstischen Schatten, die ihnen wie Geister längs der Mauer folgten.

„Endlich!" Vorsichtig glitten die drei in den Vorraum. Plötzlich ging es nicht weiter. Die Grabkammer war mit einer schweren Holztür versperrt.

„So ein Mist!" Thuja überlegte. „Ich habe auf dem Plan gesehen, dass es noch einen zweiten Eingang gibt. Wir könnten versuchen, dort reinzukommen", schlug sie vor. „Vielleicht ist der ja nicht versperrt."

„Ja, und dabei laufen wir den Grabräubern in die Arme. Das ist zu riskant."

„Und was schlägst du vor?"

Ohne zu antworten begann Hapu, die Tür zu untersuchen. Der Holzriegel war versiegelt.

„Hier ist eine geflügelte Kobra eingeprägt", stellte er fest. „Das Siegel des Zauberers."

Oberhalb der Tür war eine Reihe Hieroglyphen eingemeißelt. Hapu setzte Hor ab und hielt die Lampe höher, um die Schrift besser entziffern zu können. „Der Tod soll denjenigen mit seinen Schwingen erschlagen", las er stockend vor, „der es wagt, das Siegel zu brechen und die Ruhe des Zauberers zu stören."

„Na, das sind ja hervorragende Aussichten", warf Thuja ein.

„Ja, aber das ist noch nicht alles", fuhr Hapu fort. „Hier steht, dass die Zähne desjenigen, der die Kammer mit schlechten Absichten betritt, schwarz werden und ausfallen und er ewige Verdammnis erdulden muss."

Sicherheitshalber griff Thuja nach dem kleinen, blauen Skarabäus, den sie stets als Schutzamulett bei sich trug. „Meinst du, dass der Schreiber den Fluch ernst gemeint hat?", flüsterte sie. „Könnte es nicht nur eine Abschreckung für Grabräuber sein?"

Hapu zuckte mit den Schultern. „Keine Ahnung. Doch schließlich haben wir keine *schlechten* Absichten, oder?"

„Richtig!" Thuja nickte entschlossen. „Wir müssen es wagen. Immerhin steht das Schicksal Ägyptens auf dem Spiel." Und sie begann, das Siegel mit ihren Fingernägeln zu bearbeiten. Hor scharrte neben ihr ungeduldig auf dem staubigen Boden. Doch sosehr Thuja auch daran kratzte, das Siegel ließ sich nicht brechen. „Wir brauchen einen scharfen Gegenstand, einen Dolch oder etwas Ähnliches."

Hapu rüttelte ungeduldig am Riegel. Aber auch der rührte sich nicht von der Stelle. „Die kriegen wir nie auf!", seufzte Thuja, während sie gleichzeitig die umliegende Mauer mit den Händen abtastete. Plötzlich hielt sie inne. „Moment mal, hier bewegt sich etwas." Aufgeregt machte sie sich an der Wand neben der Tür zu schaffen. Sie hatte einen lockeren Stein entdeckt. „Komm, hilf mir!"

Mit vereinten Kräften räumten die Kinder die Steine weg. Vor ihnen öffnete sich ein dunkles Loch.

Hapu schob die Lampe durch die Öffnung und spähte neugierig in die Kammer.

„Sieh dir das an!", rief er.

„Was?" Thuja drängte sich neben ihn.

Was zunächst wie eine Rumpelkammer ausgesehen hatte, entpuppte sich als Schatzkammer, in der es vor Gold nur so funkelte. Da standen goldene Statuen, Alabastervasen, Leuchter und Lampen, Kanopen, mit Gold beschlagene Truhen, winzige Uschebti-Figuren, ein Stuhl mit geschnitzten Beinen, eine Kopfstütze aus Elfenbein ... und vor alldem thronte eine steinerne Katze mit goldenen Ohrringen.

Wortlos starrten die Kinder auf die Schätze. Hapu war derjenige, der zuerst die Sprache wieder fand.

„Jetzt oder nie. Wir müssen in die Grabkammer, um das Zauberbuch zu finden."

„Dazu ist es zu spät", zischte Thuja leise. „Hörst du denn nichts?"

Der Junge lauschte. Tatsächlich, vom Eingang auf der gegenüberliegenden Seite hörte man dumpfe Stimmen und lautes Hämmern.

„Die Grabräuber!", stieß er hervor. Sofort begann er, sich durch das Loch in der Mauer zu zwängen.

„Spinnst du?" Thuja wollte den Freund zurückhalten. Hor winselte. „Das ist viel zu gefährlich! Die brechen jeden Moment durch." Doch Hapu war bereits in der Grabkammer, wo er fieberhaft nach dem Zauberbuch suchte.

Das Hämmern an der Tür wurde immer lauter.

„Götter der Unterwelt, steht mir bei", flehte Hapu. Hastig kramte er in einer Truhe, in der außer einem Stapel gefalteter Leintücher nichts zu finden war. Inzwischen begann das Holz der Tür gefährlich zu knarzen, und Splitter flogen wie kleine Geschosse durch die Kammer.

Ob das Buch mit der Mumie im Sarg lag? Hapu stürzte auf den Sarkophag zu, der in der Mitte der

Grabkammer stand. Er war von einer mächtigen Granitplatte abgedeckt. Mit aller Kraft versuchte er, die Platte zu verschieben, doch sie bewegte sich kein Stück.

In diesem Augenblick flog die Tür mit einem lauten Knall auf, und vier Männer stürmten in den Raum, bewaffnet mit Brecheisen und Hämmern. Hapu blieb wie versteinert stehen. Er hatte weder Zeit die Lampe auszublasen noch sich hinter dem Sarkophag zu verstecken. Einen kurzen Augenblick lang starrten die Grabräuber den Jungen und der Junge die Männer verdutzt an. Dann rannte Hapu, so

schnell er konnte, auf das Loch in der Wand zu. Er wollte sich durchzwängen, doch ein fester Griff packte ihn an den Waden und zog ihn zurück in die Kammer. Es war der nasenlose Mann.

„Das ist aber eine Überraschung!", grinste ihn der Grabräuber an. „Beschuldigt andere des Grabraubs und geht selbst auf Schatzsuche." Grob bog er Hapus Arm nach hinten. „Legt ihn in Fesseln!", befahl er seinen Komplizen und begann, das Loch in der Wand zu untersuchen.

„Also, hier bist du reingekommen." Er tastete die Öffnung mit der Hand ab. „Ob es wohl noch mehr von deiner Sorte gibt? Neb, gib mir eine Lampe." Kurz darauf streckte er seinen Arm mit dem flackernden Licht durch das Loch.

Thuja gelang es kaum, Hor zurückzuhalten. Die Nackenhaare des Hundes sträubten sich, und er fletschte die Zähne. Sie drückte sich dicht an die Wand, während sie das Tier fest umschlungen hielt. Die Hand kam näher, und dann sah Thuja einen glatt rasierten Schädel auftauchen. Sie hielt den Atem an. Gleich würde der Mann sie sehen, doch wie durch ein Wunder war der Kopf im nächsten Augenblick wieder verschwunden. Die Öffnung war für einen Erwachsenen zu schmal.

„Niemand zu sehen", knurrte Nasenlos.

„Ich bin allein", stieß Hapu hervor. „Niemand weiß, dass ich hier bin."

„Umso besser", lachte einer der Männer hämisch. „Wenn du allein bist, dann wird niemand je erfahren, was wir mit dir anstellen." Und er zog die Fesseln um Hapus Fuß- und Handgelenke fester.

„Na, dann los! An die Arbeit", feuerte Nasenlos die anderen an. „Wir haben nicht die ganze Nacht über Zeit." Er kippte ein Regal um, auf dem getrocknete Feigen und andere Nahrungsmittel lagen.

Hapu beobachtete ungläubig, wie respektlos der Verbrecher mit den Grabbeigaben umging. Die Vorräte, die dem Zauberer als Reiseproviant mit ins Grab gegeben worden waren, lagen verstreut auf dem Steinboden.

„Konzentriert euch nur auf Wesentliches", befahl Nasenlos jetzt. „Gold, Edelsteine, Schmuck ..." Er hielt einen Augenblick inne, während er ein kleines Gefäß untersuchte, und verzog das Gesicht. „Ekelhaft! Verderbliche Sachen wie Salben, Öle und Nahrungsmittel packt ihr erst gar nicht ein."

„Und das Zauberbuch?", fragte einer der Männer.

„Natürlich, du Trottel. Das ist ja der Hauptgrund, warum wir hier sind. Die Grabbeigaben sind sozusagen ein zusätzlicher Gewinn." Er leerte eine Schale mit Ketten und Armreifen in seinen Sack.

Hapu, der sich nicht von der Stelle rühren konnte, sah sich um. Sein Blick wanderte über die Grabbeigaben. Er konnte sich genau daran erinnern, was sein Lehrer über das Buch erzählt hatte. Es wurde in einer Schatulle von einer geflügelten Kobra bewacht. An mit Edelsteinen besetzten Kästchen mangelte es hier keineswegs. Wenn er doch nur wüsste, in welchem der Zauberer das Buch versteckt hatte! Und dann sah er es. Wie dumm, dass er gefesselt war!

Wo hat Hapu das Zauberbuch entdeckt?

Der Fluch des Ptahhotep

Thuja hockte noch immer dicht an der Wand, die Arme fest um Hor geschlungen. Der Hund versuchte ständig, sich ihrem Griff zu entwinden. Er wollte unbedingt Hapu verteidigen.

„Sei still", wisperte ihm Thuja ins Ohr. „Ich habe einen Plan, und dazu brauche ich deine Hilfe." Vorsichtig spähte sie durch das Loch. Hapu lag gefesselt neben dem Sarkophag auf dem Boden. Nasenlos versuchte gerade, mit einem Stemmeisen die schwere Granitplatte vom Sarg zu heben.

„Verdammt noch mal", fluchte er, während seine Komplizen keuchend an der Platte zogen und schoben.

„Vielleicht ist das Buch überhaupt nicht im Sarkophag", gab einer der Männer zu bedenken.

„Trotzdem müssen wir an die Mumie ran", beharrte Nasenlos. „Selbst wenn die Texte nicht im Sarg sind, können wir uns die wertvollen Amulette, die mit einer Leiche eingewickelt werden, auf keinen Fall entgehen lassen." Wortlos schufteten die Männer weiter.

„Nun hör mal zu", fuhr Thuja leise fort. Der Hund stellte aufmerksam die Ohren auf. „Wenn wir Hapu helfen wollen, müssen wir den Weg herausfinden, um die Polizei zu benachrichtigen. Hor, du musst den Eingang, den die Räuber benutzt haben, finden." Thuja kraulte den Hund hinter den Ohren. „Na los, komm schon."

Hor leckte Thujas Hand und lief aufgeregt auf den Ausgang der Vorkammer zu. Er hatte verstanden.

Thuja griff nach seinem Schwanz und folgte ihm in den finsteren Gang. Die Nase am Boden witterte Hor einen Hauch frischer Nachtluft, die von irgendwoher ins Grab strömte.

Nach einer Weile erreichten die beiden einen von Fackeln erleuchteten Gang.

„Das muss der andere Weg zur Grabkammer sein", flüsterte Thuja. In der Ferne hörte sie leises Stimmengemurmel.

„Hoffentlich sind sie noch eine Weile mit dem Sarkophag beschäftigt."

Links führte ein schmaler Korridor steil nach oben. Die Fackel flackerte im Luftzug, und jetzt konnte auch Thuja die frische, kühle Nachtluft spüren.

Vorsichtig stieg sie hinter Hor die steilen Stufen nach oben, wo man einen Ausschnitt des sternenübersäten Nachthimmels sehen konnte. Der Sandsturm hatte aufgehört, und die Landschaft lag still im Mondlicht. Thuja blickte sich um.

„Hor?", wisperte sie. „Wo sind wir? Das ist nicht das Tal der Könige."

Doch der Hund trabte bereits einen steinigen Pfad entlang. Thuja stolperte hinterher, bis es nicht mehr weiterging. Der Weg war durch Geröll und riesige Felsblöcke versperrt.

„Auch das noch!", stöhnte das Mädchen. Doch Hor war bereits auf den ersten Felsblock gesprungen, wo er schwanzwedelnd wartete. Thuja kletterte ihm schnaufend nach.

„Jetzt verstehe ich", meinte sie, als sie auf der andern Seite ankamen. Sie blickte auf das Tal der Könige. Die zerklüfteten Umrisse der Berge zeichneten sich schwarz gegen den Nachthimmel ab. „Kein Wunder, dass die Inspektoren nichts gefunden haben. Der Seiteneingang zum Grab des Zauberers liegt in einem verborgenen Tal! Komm, wir dürfen keine Zeit verlieren."

Hastig erklomm sie den Pfad, der sich zu der kleinen Festung hochschlängelte.

„Hilfe!" Thuja schrie aus Leibeskräften. Hor begann zu bellen.

„Was hast du hier zu suchen?" Ein Furcht erregender, riesiger Mann stand plötzlich vor ihr, einen gespannten Bogen in den Händen, den Pfeil auf sie gerichtet. „Weißt du nicht, dass es verboten ist, das Tal der Könige ohne Genehmigung zu betreten?"

Atemlos berichtete Thuja dem Wachposten von den Grabräubern, dem gefesselten Hapu und dem Geheimeingang im verborgenen Tal. Der Medjai schaute sie und den Hund verblüfft an.

„Wir werden uns später noch ausführlicher darüber unterhalten, was zwei Kinder und ein Hund mitten in der Nacht dort unten zu suchen haben", sagte er. Danach ging alles blitzschnell. Rings ums Tal, wo oben auf dem Bergkamm die Wachposten stationiert waren, flackerten Feuer auf, und nur wenig später stürmte eine bewaffnete Polizeitruppe den Hang hinab. Hor raste in Windeseile voraus, um den Männern den Weg zu zeigen.

Obwohl Thuja völlig erschöpft war, versuchte sie, mit der Truppe Schritt zu halten. Sie wollte sich die Verhaftung von Nasenlos auf keinen Fall entgehen lassen. Und dann war da natürlich noch das Zauberbuch, das sie vorsichtshalber vor dem Medjai nicht erwähnt hatte. Vor lauter Eifer übersah sie den Stein, der vor ihr auf dem Weg lag. Sie strauchelte und fiel der Länge nach auf den Boden. Hastig rappelte sie sich wieder hoch und eilte weiter.

Die Grabräuber hatten ganze Arbeit geleistet. Der Sarkophag war halb offen, die Steinplatte verschoben. Doch jetzt standen drei der Räuber verdattert vor dem Sarg, die prall gefüllten Säcke neben sich. Sie ließen sich widerstandslos festnehmen. Nasenlos jedoch, der hinter dem Sarkophag stand, hielt in einer Hand eine goldene Schatulle, auf der eine geflügelte Kobra abgebildet war, in der anderen einen Dolch.

„Könnte wohl jemand meine Fesseln lösen?", versuchte Hapu die Aufmerksamkeit auf sich zu lenken.

Thuja stürzte auf den Freund zu und begann, die Seile aufzuknoten. „Alles in Ordnung?"

„Ja. Beeil dich!"

„Und das Zauberbuch?" Thuja senkte die Stimme. „Haben sie es gefunden?"

Ohne seinen Blick von Nasenlos abzuwenden, stand der Junge langsam auf und rieb sich die Handgelenke. „Keine Zeit für Erklärungen", murmelte er nur und starrte auf die beiden Polizisten, die versuchten, sich dem Grabräuber zu nähern. Nasenlos, fest entschlossen das Zauberbuch zu verteidigen, fuhr angriffslustig mit seinem Dolch durch die Luft.

„Wer auch nur einen Schritt näher kommt", drohte er, „muss sich auf etwas gefasst machen."

„Mach du dich lieber auf etwas gefasst", warnte ihn der Medjai, der zuvor Thuja mit Pfeil und Bogen bedroht hatte. Auch er hatte einen Dolch gezogen und ging nun langsam auf den Verbrecher zu. Mit einem gezielten Hieb schlug er Nasenlos den Dolch aus der Hand.

Der taumelte rückwärts auf die Wand zu, während er krampfhaft versuchte, die Schatulle zu öffnen. Der Deckel mit der Schlange sprang schließlich auf, und Nasenlos griff hastig hinein. Für den Bruchteil einer Sekunde konzentrierte er sich nur auf den Inhalt. Das nutzte der Medjai aus. Ein Schwerthieb – und die Kassette fiel auf den Boden, während Nasenlos vor Schmerz laut aufschrie und fassungslos auf seine blutende Hand starrte. Zwei weitere Polizisten stürzten sich auf ihn und fesselten den Mann. Gleichzeitig sprintete Hapu auf die goldene Schatulle zu. Er musste das Zauberbuch so schnell wie möglich vernichten. Doch wo war das Buch? Stutzig betrachtete er den kleinen grauen Haufen vor sich. Das Zauberbuch des Ptahhotep war zu Staub zerfallen.

„Mhm, war das lecker!", stellte Hapu fest und leckte sich die Reste des Feigenkuchens von den Fingern. Seine und Thujas Familie hatten sich auf dem Hausdach versammelt, um die Freilassung Ramoses und Setis zu feiern. Da klopfte es an der Tür.

„Wer kann das denn sein?", wunderte sich Thujas Mutter.

„Polizei", meinte der Vater und zwinkerte mit den Augen.

„Nicht schon wieder!", stöhnte Thuja. „Wir müssen auch mal eine Pause machen."

„Der Pharao und sein Wesir sind aus Abu Simbel zurückgekehrt", erzählte die Mutter, als sie von der Haustür zurückkam. Sie reichte ihrem Mann eine versiegelte Papyrusrolle. „Ein königlicher Bote hat dies abgegeben."

Der Vater brach das Siegel auf. Erstaunt betrachtete er das Schreiben. „Das ist nicht für mich", stellte er fest und lächelte. „Es ist für Hapu und Thuja. Der Pharao bedankt sich persönlich bei euch, dass ihr ihn und das ägyptische Reich vor dem Untergang bewahrt habt."

„Er hat Hor vergessen", grinste Hapu. „Ohne den hätten wir es nie geschafft."

Lösungen

Die Ibisfigur
Der Text lautet: Zauberbuch des Thot in Gefahr. Grabräuber planen Untergang des Pharaos und des Reiches. Verhindern Sie Raub. Ramose.

Die Stadt der hundert Tore
Im Schilf hat sich ein Krokodil versteckt.

Das Zauberbuch des Ptahhotep
Unter der Waage lauert ein Monster, mit dem Körper eines Löwen, dem Kopf eines Krokodils und dem Hinterteil eines Nilpferds.

Die Stadt der Toten
Nach jedem Vokal wurde ein re eingefügt. Der Text lautet: Wir sind auf das Grab des Zauberers gestoßen. Es wird nicht mehr lange dauern, bis wir auch das Zauberbuch gefunden haben.

Der Märchenerzähler

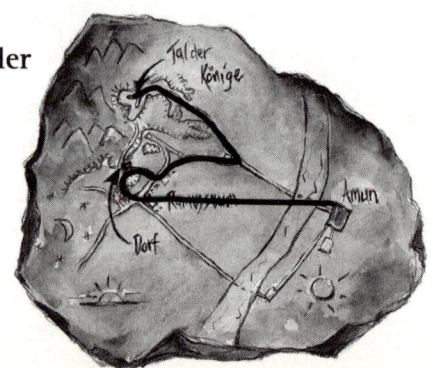

Inspektorenbesuch

Der nasenlose Mann behauptet, nichts mit dem Grabraub zu tun zu haben, dabei wurde er noch gar nicht beschuldigt.

Die Schlangengrube

Die Zahlen müssen durch 5 teilbar sein. Die sicheren Trittsteine sind daher 5, 10, 15 und 20.

Im Grabmal des Zauberers

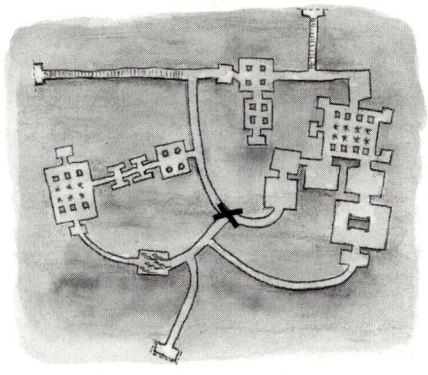

Zu spät

Das Zauberbuch befindet sich in einer Schatulle, auf der eine geflügelte Kobra abgebildet ist.

Glossar

Abu Simbel: Tempelanlage im Süden des Landes, die von Ramses II. errichtet worden war. Da die beiden Tempel 1960 von den Wassermassen des Assuan-Staudammes bedroht waren, verlegte man sie Stein für Stein landeinwärts.

Alabaster: weißes oder gelbes, leicht lichtdurchlässiges Material, das für Schalen, Vasen und andere Kunstgegenstände benutzt wurde

Ammit: Wesen der Unterwelt mit dem Kopf eines Krokodils, dem Hinterteil eines Nilpferds und dem Körper eines Löwen

Amulett: meist kleiner Anhänger, der den Träger vor Krankheiten und Gefahren schützen soll. Amulette wurden nicht nur von den Lebenden getragen, sondern auch den Verstorbenen mit ins Grab gelegt.

Amun (auch Ammon): Hauptgottheit der Stadt Theben und Ägyptens

Ankh: Henkelkreuz, das ewiges Leben symbolisierte. Es galt als beliebtes Schutzamulett für Götter und Sterbliche zugleich.

Anubis: ägyptischer Gott, der mit dem Kopf eines Hundes dargestellt wird. Er stand als Herr der Nekropole dem Totenkult vor.

Ba: Seele eines Verstorbenen, die tagsüber die Welt der Lebenden besuchen darf, nachts jedoch stets ins Totenreich zurückkehren muss.

Barke: hölzernes Boot, das nicht nur auf dem Nil, sondern auch in der ägyptischen Mythologie eine wichtige Rolle spielte. Der Sonnengott Re durchquerte den Himmel und die Unterwelt in einer heiligen Barke.

Djed-Pfeiler: beliebtes Amulett, das die Form einer Wirbelsäule hat. Es symbolisierte Dauer und Stabilität.

Grabbeigaben: Alltagsgegenstände (Kleidung, Schmuck, Kosmetika, Nahrungsmittel, Geschirr, Möbel, Spiele etc.), die einem Verstorbenen mit ins Grab gelegt wurden

Hieratisch: Schreibschrift, die für geschäftliche Korrespondenz, private Briefe und Verwaltung benutzt wurde

Hieroglyphen: Schriftzeichen, die hauptsächlich für Inschriften auf Denkmälern verwendet wurden. Manche der über 700 verschiedenen Zeichen funktionieren als Bilderschrift, andere symbolisieren Laute.

Ibis: Vogel der Familie der Stelzvögel mit langen Beinen und gebogenem Schnabel. Ibisse galten in Ägypten als heilige Vögel.

Kanopen: Gefäße, in denen die mumifizierten Eingeweide eines Verstorbenen aufbewahrt und beigesetzt wurden. Ihre Deckel hatten die Form von Menschen- oder Tierköpfen.

Karnak: Tempelbezirk Ost-Thebens, in dem sich der Haupttempel des Gottes Amun befand

Katarakt: Stromschnellengebiet im südlichen Teil des Nils, wo es insgesamt sechs solcher Katarakte gab

Kopfstütze: Holzsockel, der statt eines Kopfkissens verwendet wurde

Maat-Tempel: Tempel der Gerechtigkeit in Ost-Theben

Medjai: ägyptische Polizisten, die ursprünglich aus Nubien stammten. Sie patrouillierten in den Wüstengebieten und Städten und stellten die Leibwächter des Pharaos. Eine ihrer Hauptaufgaben war, die Königsgräber im Tal der Könige zu bewachen und vor Grabräubern zu schützen.

Mumie: Leiche, die durch Austrocknen oder Einbalsamieren vor der Verwesung geschützt wurde

Nekropole: Gräber- und Tempelgebiet, das außerhalb eines Stadtzentrums für die Toten angelegt wurde. Hier wohnten und arbeiteten die Balsamierer, Sargbauer und Totenpriester.

Osiris: ägyptischer Gott, der als Herrscher der Unterwelt galt. Er stand dem Totengericht vor.

Ostrakon (Plur. Ostraka): Tonscherbe oder Steinsplitter, die als Schreibunterlage benutzt wurde. Ostraka waren die Notiz- und Skizzenbücher der ägyptischen Schreiber.

Papyrus: Schilfpflanze, die zur Herstellung von Seilen, Körben, Matten, Sandalen, vor allem aber dem gleichnamigen Papier verwendet wurde

Pharao: uneingeschränkter Herrscher Ägyptens, der als König das Reich regierte. Er bezeichnete sich selbst auch als Sohn des Sonnengottes.

Pylon (Plur. Pylonen): Eingangstor zu einem Tempelkomplex, das von zwei hohen, festungsartigen Türmen gesäumt wurde

Ramesseum: Totentempel, den sich Ramses II. zu seinen Lebzeiten in der thebanischen Nekropole errrichten ließ. In der Tempelanlage befand sich eine Schreibschule.

Ramses II.: ägyptischer Pharao (1299–1213 v. Chr.), der unzählige Tempel errichten und erweitern ließ. Nach ihm gab es noch neun weitere Pharaonen, die sich ihm zu Ehren Ramses nannten, doch nur er trug den Beinamen „der Große". Seine Regierungszeit galt als die Blütezeit Ägyptens.

Re: Sonnengott, der tagsüber in einer Barke den Himmel überquerte und nachts durch die Unterwelt reiste. Er galt als der Schöpfergott der Ägypter.

Sarkophag: Steinsarg, der als Hülle von Holzsärgen diente. Er sollte den Verstorbenen zusätzlich schützen.

Schreiber: ägyptischer Beamter, der für die Verwaltung zuständig war. Da nur ein kleiner Teil der Bevölkerung schreiben konnte, genoss dieser Beruf großes Ansehen.

Sethos-Tempel: Totentempel des Pharao Sethos I. in der Nekropole Thebens. Er wurde von seinem Sohn Ramses II. vollendet.

Skarabäus: Mistkäfer, der in Ägypten die Sonne und die Auferstehung der Toten verkörperte. Skarabäen waren beliebte Schutzamulette.

Sphinx (Plur. Sphinxen): Löwenfigur mit einem Menschenkopf, die einen Tempel bewachte

Sykomore: hoher Baum (bis zu 16 Meter) mit essbaren Früchten. Sein Holz wurde zum Bau von Särgen verwendet.

Theben: Stadt Oberägyptens, die lange Zeit die Hauptstadt des Reiches war. Noch heute zeugen die Tempelruinen von Karnak und Luxor von ihrem einstigen Glanz.

Thot: Gott der Schreiber und Zauberer, der mit dem Kopf eines Ibis oder als Pavian abgebildet wurde. In der Unterwelt führte er über die Sünden der Verstorbenen Buch.

Totenbücher: magische Texte, die den Verstorbenen mit ins Grab beigegeben wurden. Mehr als 200 Zauberformeln sollten helfen, die Gefahren der Unterwelt heil zu überstehen.

Totentempel: Bauten, die zu Ehren eines Verstorbenen errichtet wurden. Die prächtigen Totentempel der Pharaonen unterschieden sich kaum von Göttertempeln.

Uschebti: winzige Tonfiguren, die den Verstorbenen mit ins Grab gegeben wurden. Mit magischen Formeln konnten sie zum Leben erweckt werden, um als Diener für die Toten zu arbeiten.

Wesir: Stellvertreter des Pharaos, der eine der einflussreichsten Positionen des Landes innehatte. Er stand an der Spitze der Beamten, kontrollierte Verwaltung, Gericht und Armee und verwaltete die Staatskasse.

Zeittafel

um 1550 v. Chr.	Beginn des Neuen Reiches
1550–1292 v. Chr.	**18. Dynastie** Erste Königsgräber im Tal der Könige Gründung des Arbeiterdorfes Deir el- Medineh, Bau der Memnonkolosse in Theben am Westufer des Nils, Bau des Totentempels der Königin Hatschepsut, Bau der Tempel von Karnak und Luxor Eine Reihe von verschiedenen Pharao- nen regiert das Land (unter anderen Echnaton und Tutanchamun).
1304 v. Chr.	Geburt Ramses II.
1290–1160 v. Chr.	**19. Dynastie** Regierungszeit der Pharaonen Ramses I. und Sethos I.
1280 v. Chr.	Pharao Ramses II. besteigt den Thron und baut die neue Hauptstadt Piramesse. Erweiterung der Tempel von Karnak und Luxor, Bau des Ramesseum in Theben am Westufer des Nils, Vollendung des Totentempels von Sethos I.
1274 v. Chr.	Schlacht von Kadesch. Ramses II. zieht mit seiner Armee gegen das 40 000 Mann starke Heer der Hethiter.
1259 v. Chr.	Ramses II. unterzeichnet einen Friedens- vertrag mit den Hethitern.
1246 v. Chr.	Ramses II. nimmt eine hethitische Prinzessin als Nebenfrau, um den Frieden zwischen den beiden Ländern zu besiegeln.

1269–1256 v. Chr.	Bau des Tempels von Abu Simbel
1213 v. Chr.	Ramses II. stirbt im Alter von 91 Jahren.
1213 v. Chr.	Merenptah, 13. Sohn von Ramses II., besteigt den Thron.
1150–1070 v. Chr.	**20. Dynastie** Neun Pharaonen, die sich alle Ramses nennen, folgen. Ägypter siegen gegen die Seevölker. Beginn des Niedergangs des Reiches
um 1070 v. Chr.	Ende des Neuen Reiches

Das Leben im alten Ägypten

Die Erziehung

Wer den Traumberuf eines Schreibers erlernen wollte, musste etwa sieben Jahre lang zur Schule gehen.
Doch dieses Privileg war nur den Söhnen der Ober-
schicht vorbehalten. Die Kinder der Armen hatten
dazu keine Zeit. Sie mussten Schafe und Ziegen hü-
ten, Vögel von den Feldern vertreiben und dem Vater bei der Arbeit helfen.

Die Jungen, die zur Schule durften, besuchten für gewöhnlich Schreibschulen, die in den großen Tempelanlagen untergebracht waren. Zur Zeit Ramses II. gab es in Theben zwei solcher Schulen: die Tempelschule im Maat-Tempel in Karnak und die im Ramesseum in der Nekropole am Westufer. Hier wurden die Schüler von Beamten oder Priestern unterrichtet und lernten neben Lesen und Schreiben auch Grundlagen der Astronomie, Mathematik, Astrologie und Geschichte. Als Schreibwerkzeug dienten Binsenpinsel und Tinte, mit denen die Jungen auf Ostraka schrieben. Diese Steinsplitter oder Tonscherben waren billiger als der kostbare Papyrus. Wer den Unterricht schwänzte, wer unaufmerksam oder unartig war, wurde mit Prügel bestraft.

Die Kinder des Arbeiterdorfes nahmen eine Sonderstellung ein. Da man von einem Handwerker, der am Königsgrab arbeitete, erwartete, dass er lesen konnte, wurden dort alle Jungen zur Schule geschickt. Man vermutet, dass sie die nahe gelegene Tempelschule des Ramesseums besuchten.

Mädchen aller Schichten lernten weder Lesen noch Schreiben. Sie mussten schon in frühem Alter der Mutter bei der Hausarbeit helfen, Holz sammeln, kochen und auf die kleinen Geschwister aufpassen.

Die Mumifizierung

Ägypter waren davon überzeugt, dass ein Weiterleben nach dem Tod nur möglich war, wenn sich eine Seele nach der Reise durch die Unterwelt wieder mit ihrem Körper vereinen konnte. Verwesung musste daher unbedingt vermieden werden, und so begann man, Leichen zu konservieren, haltbar zu machen.

In Theben wurde ein Verstorbener dazu über den Nil in die Nekropole gebracht. Neben den Totentempeln standen dort Zelte und Hütten, in denen die Balsamierer ihr Handwerk ausübten.

Sobald eine Leiche kam, machten sich die Männer an die Arbeit. Sie begannen damit, das Gehirn durch die Nase herauszuziehen und den Leerraum mit Harz auszuspülen. Danach entfernten sie alle Innereien bis auf das Herz durch einen kleinen Einschnitt in der Bauchgegend. Der ausgenommene Körper musste nun mit Wacholderbeeröl und Palmwein gereinigt und für mindestens 40 Tage in Natronsalz gelegt werden. Das Salz entzog dem Körper alle Feuchtigkeit, trocknete ihn langsam aus. Nach Ablauf dieser Zeitspanne wurde die Leiche aus dem Salzbad gehoben, eingeölt, die leere Bauchhöhle mit Sägemehl ausgestopft und zugenäht.

Erst jetzt konnten die Balsamierer den Verstorbenen mit Leinenstreifen umwickeln, während sie gleichzeitig Amulette, zum Schutz des Toten, unter die Binden schoben. Zu guter Letzt legten sie die fertige Mumie in einen Holzsarg. Die Angehörigen konnten sie jetzt, zusammen mit den mumifizierten Organen, für die Bestattung abholen.

Das Leben im Arbeiterdorf

Als die Ägypter um 1500 v. Chr. feststellten, dass fast alle Gräber in den Pyramiden geplündert worden waren, suchten sie nach einem sicheren Ort, an dem sie ihre künftigen Pharaonen bestatten konnten. Dabei stießen sie auf die Wüstentäler, die sich jenseits der grünen Felder Thebens am Westufer erstreckten. Statt in prächtigen Bauwerken wurden die Herrscher von nun an in unterirdischen Grabanlagen zur letzten Ruhe gebettet.

Der Bau eines solchen Königsgrabes dauerte Jahre und benötigte unzählige Handwerker. Um diese und ihre Familien unterzubringen, errichtete man in der Nähe der neuen Gräber ein Dorf. Die Bewohner nannten diese Siedlung Pa-demi. Wir kennen sie unter der arabischen Bezeichnung Deir el-Medineh.

Aus Sicherheitsgründen war Deir el-Medineh von einer Mauer umgeben, durch die nur ein einziger Zugang ins Dorf führte. Es gab sogar eine eigene Polizeitruppe, die für die Ordnung im Dorf und die Sicherheit der Königsgräber zuständig war. Die Handwerker mussten einen Treueschwur leisten, denn beim Bau eines Königsgrabes war äußerste Geheimhaltung geboten. Für ihre gewissenhafte Arbeit wurden die Männer vom Pharao jedoch entsprechend entlohnt. Sie bekamen nicht nur kostenlose monatliche Essensrationen, sondern jeder Familie wurde ein Reihenhaus im Dorf zur Verfügung gestellt. Wer sein Gehalt zusätzlich aufbessern wollte, durfte in seiner Freizeit an den Privatgräbern der Nekropole arbeiten. Und Freizeit gab es genug, denn nach acht Arbeitstagen gab es stets zwei freie Tage. Nur während dieser Tage lebten die Arbeiter bei ihren Familien im Dorf, die Arbeitstage verbrachten sie in einer kleinen Hüttensiedlung direkt oberhalb des Tals der Könige.

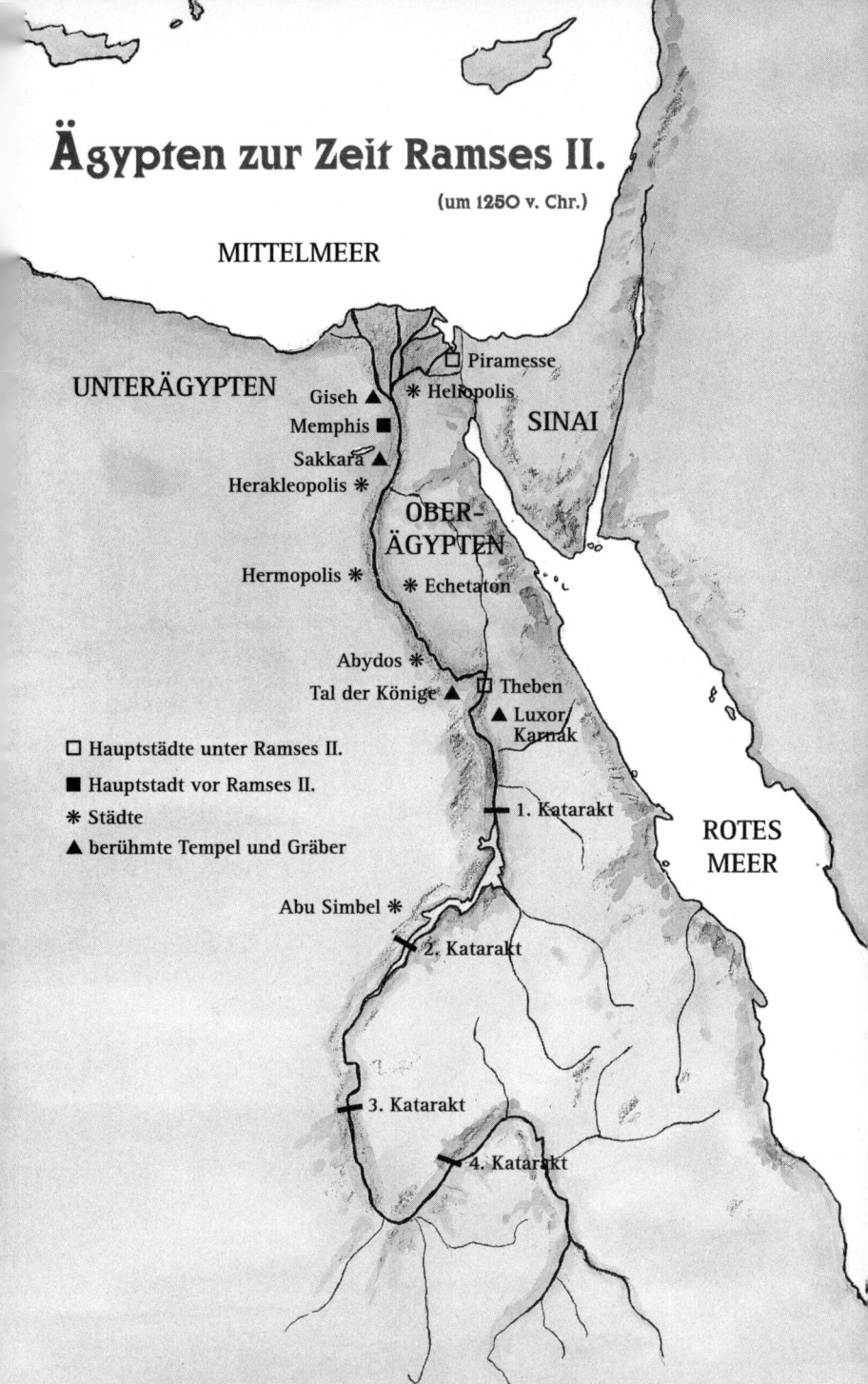

Ägypten zur Zeit Ramses II.

(um 1250 v. Chr.)

MITTELMEER

UNTERÄGYPTEN

SINAI

□ Piramesse

Giseh ▲ ✳ Heliopolis

Memphis ■

Sakkara ▲

Herakleopolis ✳

OBER-
ÄGYPTEN

Hermopolis ✳

✳ Echetaton

Abydos ✳

Tal der Könige ▲ □ Theben

▲ Luxor/
Karnak

□ Hauptstädte unter Ramses II.
■ Hauptstadt vor Ramses II.
✳ Städte
▲ berühmte Tempel und Gräber

— 1. Katarakt

ROTES
MEER

Abu Simbel ✳

— 2. Katarakt

— 3. Katarakt

— 4. Katarakt

Renée Holler, Jahrgang 1956, studierte Ethnologie und arbeitete zunächst als Buchherstellerin, bevor sie auf Reisen rund um die Welt ging. Seit 1992 lebt sie mit ihrem Mann und ihren zwei Kindern in England, wo sie schreibt und übersetzt.

Michaela Sangl wurde 1969 geboren. Die Neuseeländerin hat bereits ihr Architekturstudium mit Gesang und mit der Herstellung von ägyptischem Modeschmuck finanziert. Nach Studien in Wien, Rom und Berlin lebt Michaela Sangl heute die meiste Zeit des Jahres in Deutschland. Wenn sie nicht gerade zeichnet, singt und komponiert sie unter ihrem Künstlernamen „twin" *(twinberlin@hotmail.com).*

Historische Ratekrimis

Geschichte erleben und verstehen!

Loewe